चलो किसी लम्बे सफर पे चलें

PAHAD, SAMANDAR, JUNGLE AUR RET KI YATRA

मुरारी गुप्ता

ISBN 979-888606777-4

परिवार और मित्रों के बिना यात्रा में कोई आनंद नहीं होता। इन यात्राओं में हर बार परिवार और मित्रों का साथ रहा है। उनके बिना ये यात्राएँ अधूरी थी। श्रीमान प्रणेश गुप्ता-श्रीमती लीली, श्री यश मंगल-श्रीमती प्रगति और श्री मनीष कुमार-श्रीमती प्रशंषा तथा डॉ. प्रेरणा, अद्वैत और इवा के बिना ये यात्राएं संभव तो थी, मगर वे रसहीन होती। और रसहीन यात्रा में कोई स्वाद नहीं होता। पर्वतारोही और मित्र कृष्ण कुमार के बिना कुरुक्षेत्र अधूरा था।

क्रम-सूची

सैर कर दुनिया की

"सैर कर दुनिया की ग़ाफ़िल ज़िंदगानी फिर कहाँ
ज़िंदगी गर कुछ रही तो ये जवानी फिर कहाँ।"

• ख्वाजा मीर दर्द

प्रस्तावना

मनुष्य सृष्टि के आरंभ से यात्रा करता रहा है। यात्राओं से ही सीखता रहा है। यात्राएं ही वे माध्यम हैं जिनसे विचारों और संस्कृतियों का आदान-प्रदान होता रहा है। दक्षिण एशियाई देशों में सनातन और बौद्ध धर्म का प्रचार-प्रसार इन देशों में यात्रा करने वाले भिक्षुओं और संतों ने अपनी यात्राओं के माध्यम से किया। यात्राएं चेतना का भी प्रसार करती हैं। यात्राओं ने पूरी दुनिया को एक परिवार में बांधने का कार्य किया है। भाषाओं, विचारों, रहन-सहन, सभ्यताओं, कारोबार के साथ आध्यात्म के विकास में यात्राओं ने अपनी भूमिका निभाई है। बिना यात्रा के क्या नरेंद्र स्वामी विवेकानंद हो सकते थे। बिना यात्रा के क्या केदारनाथ पांडेय राहुल सांकृत्यायन हो सकते थे। बिना यात्राओं के क्या कोलंबस को हम आज भी याद कर पाते? यात्राओं ने इन जैसे सैकड़ों व्यक्तियों के व्यक्तित्व को नई ऊंचाइयों पर पहुंचा दिया था।

यात्रा केवल एक शहर से दूसरे शहर, या एक राज्य से दूसरे राज्य या फिर एक देश से दूसरे देशभर की भी नहीं होती। यात्राएं एक परिवार से दूसरे परिवार, एक समाज से दूसरे समाज और एक समुदाय से दूसरे समुदाय की भी होती है। और इन्हीं यात्राओं से हम एक बेहतर कस्बा, गांव, शहर, राज्य और समाज देश बनाते हैं। सरकारें भी आजकल अपने शहर और राज्य में विकास की नई गाथाएं लिखने के लिए अपने अफसरों और जनप्रतिनिधियों को अन्यान्य शहरों, राज्यों और देशों की यात्राएं करवाती हैं। अखिल भारतीय स्तर पर चुने जाने वाले अधिकारियों को भी अपनी नियुक्ति से पहले भारत भ्रमण और विदेश भ्रमण करवाया जाता है ताकि उनके दिमाग की तमाम अवरुद्ध खिड़कियां खुल जाएं और उनमें नवीन विचारों को ग्रहण करने की क्षमता विकसित हो सके।

यात्राएं हमें बोलना सिखाती है। लिखना और पढ़ना सिखाती हैं। समझना सिखाती हैं। इशारों की भाषा सिखाती हैं। यात्राओं से बहुत सी चीजों को हम बिना पैसे दिए ही सीख जाते हैं। राजस्थान में तो सैकड़ों वर्षों से मारवाड़ी अपने कारोबार के लिए देश और दुनिया की यात्रा करते

रहे हैं। अपने कारोबार को स्थापित करते रहे हैं। भारत का आज शायद ही कोई शहर, कस्बा, राज्य होगा जहां किसी मारवाड़ी का कारोबार नहीं हो। केवल भारत ही नहीं, बल्कि दुनियाभर के देशों में उन्होंने इन्हीं यात्राओं के रोमांच के साथ कारोबार के क्षेत्र में बड़ी सफलताएं प्राप्त की है।

यात्राएं असल में सिर्फ एक संस्मरण भर नहीं है। इन्हें यात्रा कथाएं कहना चाहिए। इनकी यात्राएं सिर्फ भूगोल की यात्रा भर नहीं है। उनमें स्थानों का सरल मानवीकरण है जो पाठकों को आकर्षित करता है।

घूमने का शौक और उस पर अखिल भारतीय सेवा में होने के कारण लेखक ने खूब यात्राएं की हैं। इन यात्राओं ने उन्हें देश देखने और जानने का सुनहरा अवसर दिया है। देखी और अनुभव की गई यात्राओं का अगर दस्तावेजीकरण कर दिया जाए तो उनका लाभ यात्रा कथा पढ़ने वाले और यात्रा करने के इच्छुक पाठकों को भी मिल सकता है।

डॉ. रेवन्त

(कवि और समीक्षक)

जयपुर

भूमिका

हर यात्रा के बाद उनका अनुभव लिखने की आदत रही है। इसका लाभ यह होता है कि वर्षों बाद भी उन स्थानों के बारे में पढ़कर रोमांचित हुआ जा सकता है। समाचार पत्र और पत्रिकाओं ने कई यात्राओं को प्रकाशित कर अनुग्रहित भी किया है। जब यात्राएं प्रकाशित होती हैं, तो स्वभाविक ही अच्छा लगता है। कुछ यात्राएं ऐसी होती हैं, जिनके अनुभवों को शब्द देना कठिन होता है। उन्हें किसी आकार में ढालना और पाठकों को वही अनुभव करवाना जो यात्री ने खुद किया है, एक बड़ी चुनौती होती है। लेकिन चूंकि कहानियां लिखना अच्छा लगता है, इसलिए इन यात्राओं में भी पाठक उन स्थानों की कहानियां ही पाएंगे। कहानी संग्रह 'मोगरी' को भी पाठकों ने भरपूर प्यार दिया था।

बहरहाल, यह पुस्तक पिछले एक दशक की देश के अलग अलग हिस्सों की यात्राओं का कथाकरण हैं। इसमें उत्तर, पूर्व, पश्चिम और मध्य क्षेत्र की यात्राओं को एक दस्तावेज में समेटने का प्रयास किया है। अरुणाचल प्रदेश से लेकर द्वारिका और अमरनाथ के नजदीक पहलगाम से लगा सुदूर पश्चिमी घाट पर मौजूद दीव के समंदर की यात्रा के अनुभवों को अनुभव में बांधने का प्रयास किया है।

इस यात्रा कथा में अरुणाचल के ईटानगर की जिंदगी की हलचलें नजर आएंगी। सिक्किम की रपटीली वादियों की बातें होंगी। नेपाल के काठमांडु और कन्याम की ओसभरी खूबसूरती दिखेगी। दार्जीलिंग के घूम और लामहट्टा जैसी अलहदा मगर खूबसूरत कस्बाई संस्कृति के दर्शन होंगे। माउंटआबू की नक्की झील का सौंदर्य, पहाड़ों की सुंदरी मसूरी का निराला अंदाज और दीव के समंदर की दहाड़ का साक्षात भी इसमें है। यात्रा कथा में सोमनाथ के ध्वंस और सृजन की गाथा सुनाई देगी। द्वारिकाधीश भगवान कृष्ण के कुरुक्षेत्र के ऐतिहासिक पराक्रम और द्वारिका में उनकी दूरदृष्टी और भव्यता की निशानियां भी अनुभव होंगी।

यह केवल पहाड़, समंदर, जंगल और रेत की यात्रा भर नहीं है। इसमें लोकजीवन का भी दर्शन है। इतिहास को अनुभव करने का प्रयास है। आध्यात्म को महसूस करने की कोशिश है। प्रकृति को छूने और उसे समझने का छोटा सा प्रयास है। मेरी पिछले एक दशक की ये यात्राएं लोकजीवन को समझने और उनसे रूबरू होने का प्रयास रही हैं।

इन यात्राओं ने खूब समृद्ध किया है। चिंतन का विस्तार किया है। यात्राएं जब परिवार और मित्रों के साथ हो, तो आनंद कई गुना हो जाता है। यात्राओं के साथ चस्पा कुछ चित्रों के माध्यम से पाठक भी उन स्थानों से जुड़ पाएगा।

विश्वास है कि इन यात्रा कथाओं को पढ़ने के साथ पाठक मानसिक तौर पर उन स्थानों की यात्रा कर पाएंगे।

जय हो।

मुरारी गुप्ता

पावती (स्वीकृति)

- अरुणाचल प्रदेश
- सिक्किम
- बिहार
- पश्चिम बंगाल
- जम्मू-कश्मीर
- उत्तराखंड
- हरियाणा
- राजस्थान और
- गुजरात राज्य के पर्यटन विभाग तथा प्रशासन का आभार।
- केंद्र शासित दीव के पर्यटन विभाग का धन्यवाद।
- नेपाल के पर्यटन विभाग का आभार।

इनके सहयोग के बिना ये यात्राएं संभव नहीं थी।

1

अरुणाचल प्रदेशः सूर्योदय का पहला साक्षी

भारतीय सूचना सेवा में चयन और प्रशिक्षण के बाद सबसे पहली नियुक्ति के बारे में पूछा गया तो बिना जाने-पहचाने अरुणाचल प्रदेश का नाम ले लिया था। बस, इस नाम के साथ एक रोमांच था। यह जुलाई दो हजार दस के दिन थे। प्रशिक्षण पूरा होने के बाद पत्नी सहित चल दिए अरुणाचल प्रदेश की वादियों में। दिल्ली से पहले गुवाहाटी, असम की फ्लाइट और वहां से यात्री बस। यह पूर्वोत्तर भारत का हमारा पहला दर्शन था।

हमारी बस अरुणाचल की ओर रवाना हुई। हरी-भरी पहाड़ियों, दरियाओं, बांस के पेड़ों और गहरी खाइयों को पार करती हुई बस जब अरुणाचल प्रदेश के बांदरदेवा में रुकी, तो लगा कि शायद यही ईटानगर होगा। सुबह के लगभग सवा चार या साढ़े चार बजे होंगे। आंखों में नींद अभी जागी ही थीं। आंखें मसलते हुए खिड़की से बाहर देखा, तो लोग मंजन कर रहे थे। मैंने मोबाइल की घड़ी में वक्त देखा। अभी साढ़े चार ही बजे थे। मगर सूरज लुकाछिपी करता हुआ बादलों में आ बैठा था। मैं यही सोच रहा था कि अभी जयपुर में लोग रात की नींद का आनंद ले रहे होंगे,

और यहां लोगों ने सुबह के दैनिक कामों को निपटा दिया। खैर, यहां सभी को अपना इनर लाइन परमिट दिखाना पड़ता है। यानी कि अरुणाचल क्यों आए। इसके लिए बाकायदा दिल्ली, गुवाहाटी से पास बनता है। खैर मेरे पास सरकारी पहचान पत्र था, इसलिए कोई मुश्किल नहीं हुई। बस रवाना हुई।

लगभग 35 किलोमीटर तक पहाड़ियों, खाइयों, दरियाओं और बादलों की ओट में बस आगे बढ़ रही थी। पिछले चार महीने से यहां लगातार बारिस हो रही है, लिहाजा सड़कों के हालात बहुत अच्छे नहीं है, मगर बस के चालक को इससे कोई फर्क नहीं पड़ता था। दिल्ली-जयपुर के सपाट मार्ग पर इतनी रफ्तार से बसें नहीं दौड़ती, जितनी तेजी से यहां पहाड़ी सड़कों पर बसें दौड़ती हैं। गुवाहाटी से ईटानगर का लगभग चार सौ किलोमीटर का सफर साढ़े सात घंटे में। खैर, अब तक ईटानगर आ चुका था। ईटानगर यानी अरुणाचल प्रदेश की राजधानी। यहां एक पहाड़ी पर अहोम वंश का ईंटों से बने किले के अवशेष हैं। उसी के किले के नाम पर राजधानी का नाम पड़ा है।

अरुणाचल प्रदेश का एक जनजाति परिवार

छोटा सा शहर है। हरी-भरी पहाड़ियों की गोद में बसा हुआ। और पहाड़ियां चौबीसों घंटे बादलों से गुफ्तगु करती रहती हैं। शहर थोड़ा महंगा है। इसकी वजह यह है कि यहां किसी भी खाद वस्तु का उत्पादन नहीं होता। सारा सामान आसाम या दूसरे शहरों से आता है। एक दिन सब्जी मंडी में मैं और पत्नी प्रेरणा की नजर एक फूलगोभी पर पड़ी। सोचा फूलगोभी बनाई जाए। एक फूल उठाया, लगभग आधा किलो का होगा। मैंने बीस रुपए का नोट निकाला। उससे पूछा- कितना हुआः बोला- सर पचास रुपए। अब तक फूल गोभी को अपने थैले में जमा कर चुके थे। इसलिए फिर से लौटाना भी अच्छा नहीं लगा। पचास का नोट थमा चुपचाप एक दूसरे का मुंह देखते हुए चले आए। आटो वाले भी पांच आठ से दस किलोमीटर के चार सौ रुपए से कम में फटकने नहीं देते। मगर इटानगर की सड़कों पर सवारी आटो और खुली सीटों वाली टाटा सूमो खूब चलती है, जिनका किराया दस से बीस रुपए तक है। इनका उपयोग करके टैक्सी का पैसा बचाया जा सकता है।

अरुणाचल की राजनीति दूसरे राज्यों से एकदम अलग है। विपक्ष यहां न के बराबर होता है। यानी सरकार के खिलाफ बोलने वाला कोई नहीं। मगर हां यहां गली, नुक्कड़, कालोनी, ढाणी, समूदाय, शहर, कालेज, और कर्मचारियों के नाम पर सैकड़ों संगठन हैं। छात्र संगठन यहा मुख्यधारा की राजनैतिक पार्टियों पर हावी हैं। इसके बाद विभिन्न जनजाति संगठनों का नंबर है। न्यीशी जनजाति यहां काफी प्रभावशाली मानी जाती है। राजनैतिक तौर पर न्यीशी का काफी दबदबा रहता है। लेकिन पढ़ने लिखने और ब्यूरोक्रेसी में आपातानी जनजाति के लोग काफी आगे हैं। यहां प्रमुख रूप से सत्रह जनजातियां है। इन जनजातियों की अनेक उप जनजातियां है। जनजातियों में आपसी विवाह का चलन बढ़ा है। विवाह आदि के बारे में यहां लोग काफी उदारवादी किस्म हैं। जनजाति समूह दोन्यी-पोलो यानी सूरज और चांद की पूजा करते हैं। सभी जनजातियों के अपने प्रमुख उत्सव है। इन उत्सवों में पशु बलि एक सामान्य बात है। यहां मिथुन नामक एक जानवर को पवित्र माना जाता है। उत्सवों में उसी की बलि दी जाती है। यह सांड के आकार का होता है। वैसे सुअर यहां बड़े चाव से खाया जाता है। खाने में तेल और मिर्च

मसालों का उपयोग बहुत कम होता है। मांस को कुछ देशी सब्जियों के साथ पकाया और खाया जाता है।

फिर लौटता हूं अपने आकाशवाणी स्टेशन की ओर। आकाशवाणी स्टेशन ईटानगर के लगभग बीच शहर में है। यह शहर की मुख्य सड़क से लगभग आठ सौ मीटर ऊंची पहाड़ी पर है। पहाड़ी एकदम ऊंची नहीं है। मगर एक बार चढ़ने में पूरा शरीर पसीने में तरबतर हो जाता है। उतरना उतना ही आसान है। घर के चारों और हरियाली है। केलों और बांस के पेड़ है। केलों पर उन दिनों हरे-हरे केले भी आ रहे थे। केले के भाव यहां दर्जनों में है। यानी कि तीस रुपए से लेकर चालीस रुपए दर्जन। यहां केले पीले नहीं होते। हरे केले ही मीठे होते हैं। दूसरे तमाम फल बहुत महंगे हैं।

सबसे अच्छी बात, जो किसी भी उत्तर भारतीय को आकर्षित करती हैं, वह यह कि यहां आने के बाद लगता नहीं है कि आप कहीं और आ गए। संभवतया अरुणाचल प्रदेश ही पूर्वोत्तर का एकमात्र ऐसा राज्य हैं, जहां लोग आपसी बातचीत में हिंदी का उपयोग करते हैं। हालांकि उनकी हिंदी काफी मजेदार होती है। यहां अंग्रेजी और हिंदी दोनों ही आधिकारिक भाषाएँ हैं। पहले लोग आपसी बातचीत के लिए असमिया इस्तेमाल करते थे। वैसे यहां हर समूदाय की अपनी बोली है। इन बोलियों का महत्व का पता इससे चलता है कि आकाशवाणी ईटानगर से हिंदी और अंग्रेजी के अलावा इन ग्यारह स्थानीय बोलियों में पांच-पांच मिनट के बुलेटिन प्रसारित होते हैं। यहां लोगों के सूचना का विश्वसनीय और प्राथमिक स्रोत रेडियो ही था। हालांकि अब घर-घर में डिस्क उग आए हैं। लेकिन स्थानीय समाचार के लिए लोग अब भी आकाशवाणी के समाचारों को प्राथमिकता देते हैं।

अरुणाचल प्रदेश का एक दृश्य

आकाशवाणी में पोस्टिंग के दौरान की कुछेक घटनाओं में से कुछ काफी दिलचस्प थी। उन दिनों राज्य के पूर्व मुख्यमंत्री गेगांग अपांग को हजारों करोड़ों रुपए के पीडीएस घोटाले में गिरफ्तार कर लिया था। आदी समुदाय ने उनकी गिरफ्तारी के खिलाफ राज्य में विरोध प्रदर्शन करने की धमकी दे दी। गेगांग अपांग इसी समुदाय से आते हैं और यहां के प्रमुख राजनेता माने जाते हैं। वह तेइस सालों तक प्रदेश के मुख्यमंत्री रहे। अपने समुदाय के शीर्ष नेता को गिरफ्तार होते देख आदी समुदाय का भड़कना स्वाभाविक ही था। गेगांग अपांग कांग्रेसी नेता भी हैं।

उन्हीं दिनों अरुणाचल और असम के सीमावर्ती इलाके में कुछ जगह को लेकर दोनों राज्यों में तनाव हो गया था। आपस में फायरिंग भी हुई। फायरिंग में अरुणाचल की ओर का एक व्यक्ति घायल भी हो गया। जिसको लेकर तनाव ज्यादा बढ़ गया था। असम के छात्र संगठनों ने

अरुणाचल जाने वाले रास्तों को बंद कर दिया। यानी अरुणाचल आने वाला राशन पानी बंद। इसे अंग्रेजी में इकोनोमिक ब्लोकेड कहते हैं। कई दिनों तक यह जारी रहा। अरुणाचल की सरकार ने असम सरकार से, अरुणाचल के छात्र संगठनों ने असम के छात्र संगठनों से इस नाकेबंदी को हटवाने का प्रयास किया। राज्य के वित्त मंत्री ने आसाम के मंत्रियों के साथ मिलकर बैठकें कीं। तब कहीं जाकर नाकेबंदी हटी। नाकेबंदी का असर हमारी थाली पर भी पड़ा। रसद यानी सब्जी-आटा और जरूरी सामग्री के भाव डेढ़ गुना हो गये थे। खैर, रेडियो पर समाचार के विभाग में होने के नाते हमें यह खबर प्रसारित करनी थी। और लगभग दो सप्ताह तक आर्थिक नाकेबंदी की खबर सुर्खियों में रही।

इधर मौसम बेवफा सनम की तरह है। बारिश और धूप जैसे यहां खेलते ही रहते हैं। बादल न जाने किस इंतजार में पहाड़ों की बाहों में सिमटे रहते हैं। मौका देखते ही शहर पर बरस पड़ते हैं। और थोड़ी ही देर में सूरज को देख छंट जाते हैं। इसलिए यहां हर हाथ में छाता नजर आता है। हमने भी दो रंगीन सी छतरियां खरीद ली थी। मगर आदत नहीं थी साथ में लेने की, इसलिए खूब भीगना भी पड़ता था। सुहाना मौसम यहां एक भटकाव भर है। मौसम को देखते हुए जैसे ही बाहर निकलो, पता चलता है कि सौ-दो सौ कदम बाद सूरज की तपिश पसीना-पसीना कर देती है। सूरज का मूड देखकर बिना छतरी निकले यहां घाटे का सौदा है। इसी चिलचिलाती धूप में कब कोई बादल का टुकड़ा ऊपर आकर छोटे बच्चे की तरह चिढ़ाता हुआ आप पर बरस जाए, कहा नहीं जा सकता। इसलिए छतरियां यहां के जीवन का अनिवार्य हिस्सा होती हैं। छतरियां यहां ज्यादा महंगी नहीं थी। मगर हां, कीमतें आपको कम करवानी पड़ेंगी। चार सौ रुपए का सामान आप थोड़ा मोल-तोल करके दो सौ में ले सकते हैं। अच्छी बात ये कि कीमते कम करवाने और खरीदकर ले जाने के बाद यहां दुकानदार ग्राहकों को गाली नहीं देते। बल्कि उतनी ही मोहब्बत से कीमते कम करते हैं।

शराब पसंद करने वालों के लिए तो यह जन्नत है। उत्तरभारत में जैसे हर चार-पांच सौ कदम पर सिगरेट और पानी की दुकान मिलेगी, वैसे ही यहां हर सौ-डेढ़ कदम पर शराब की दुकान मिल जाएगी। दरअसल शराब

यहां के जीवन का हिस्सा है। हर उत्सव और त्योहार के बाद सामूहिक तौर पर शराब पी जाती है। यहां शरा की एक स्थानीय क्वालिटी भी है, जिसे अपोंग कहते हैं। बताते हैं कि यह पूरी तरह प्राकृतिक है और इसे बैंबू यानी बांस के गिलास में भरकर परोसा जाता है।

2

काठमांडु: शिव को संगीत सुनाती बागमती

बूढ़ा नीलकंठ

शिव के धाम बनारस जाने का अभी तक अवसर नहीं मिला। लेकिन जेहन में बसे बनारस के घाट, गंगा का सुमधुर प्रवाह, संध्या आरती, शिव प्रतिमा की काल्पनिक तस्वीरें काठमांडु के पशुपतिनाथ मंदिर के अहाते और पीछे से बह रही बागमती नदीं पर हो रही संध्या आरती को देखकर साकार हो उठी। वर्ष दो हजार चौदह के नवम्बर महीने में महादेव की कृपा और प्रणेश गुप्ता के सौजन्य से बिहार के मोतिहारी के रास्ते से सड़क मार्ग से नेपाल जाने का अवसर मिला। निजी वाहन से दोनों परिवार सुबह जल्द रक्सौल के लिए निकल पड़े थे। भारत-नेपाल सीमा पर रक्सौल के रास्ते निजी वाहन से वीरगंज, भीमफेदी, हैंडोदा होते हुए लगभग नौ घंटे का सफर पूरा कर शनिवार की शाम काठमांडु पहुंचे। बिहार के मोतिहारी से रक्सौल तक के लगभग पचास किलोमीटर के तकलीफदेह राष्ट्रीय राजमार्ग की यात्रा को भूला दिया जाए तो नेपाल के वीरगंज से काठमांडु तक अस्सी किलोमीटर का प्रकृति की खूबसूरत वादियों में कहीं सकड़ी, कही चौड़ी, कभी एकदम खड़ी और कहीं एकदम ढलान वाले रास्तों पर यात्रा का अनुभव हमेशा के लिए मन, मस्तिष्क और आंखों में छप जाता है। यहां की पहाड़ियां जैसे किसी नवयौवना सरीखी खूबसूरत और मादकता से भरी नजर आती हैं।

वैसे रक्सौल भारत और नेपाल की खुली सीमा पर व्यापार का प्रमुख केंद्र है। दोनों देशों के बीच होने वाला व्यापार का अधिकांश हिस्सा यहीं से संचालित होता है। व्यापारिक गतिविधियों से लैश इस इलाके को पार करते ही वीरगंज से पानी की पतली धारा वाली नदी हमें काठमांडू ले जाने वाली ऊंची पहाड़ियों की ओर जाने का इशारा करती है। बीच रास्तों में लुकाछिपी करती हुई कभी सामने तो कभी सड़क के बगल में झरनों के पानी को इकट्ठा करती हुई वह हमारे साथ चलती जाती है। इसके दोनों किनारों को जोड़ने और स्थानीय लोगों के आवागमन को सुविधाजनक बनाने के लिए प्रशासन ने बीच-बीच में हवा में झूलते लेकिन लोहे के मजबूत पुलों के रास्ते बनाए हैं।

हैटोंडा से काठमांडु जाने के दो रास्ते हैं। एक अस्सी किलोमीटर लंबा है, मगर कठिन है दूसरे से काठमांडु 120 किलोमीटर दूरी पर है, और बताते हैं कि वह थोड़ा आसान है। लेकिन हमने इत्तेफाक से मुश्किल

रास्ता चुना। दरअसल हम उस रास्ते पर काफी आगे बढ़ गए थे। और पहाड़ी रास्तों पर वापस होना किसी खतरे से कम नहीं है। हमने रास्ते के रोमांच का मजा लेने के लिए इसी राह पर आगे बढ़ने का निर्णय लिया। राहों के दोनों ओर डेढ़ सौ- दो सौ फीट लंबे दरख्तों को देख ऐसा महसूस होता है जैसे वे दरख्त सालों से शिव की तपस्या कर रहे हैं। पहाड़ों को थोड़ा सा समतल कर धान, ज्वार, मक्का और गन्ना की खेती कर स्थानीय किसान अपने परिवार का पालन की मशक्कत में मशगूल थे। पहाड़ियों की गोद में बसे बादलों से अठखेलियां करती हुई हमारी कार काठमांडु शहर में दाखिल हुई। हमने काठमांडु शहर की मिट्टी को स्पर्श किया। यह स्पर्श अनूठा, दिलचस्प और पवित्र था। ऐसा ही अनुभव सालों बाद अमरनाथ के मार्ग पर पहलगाम में अनुभव हुआ था।

वैसे काठमांडू को दूसरा काशी ही कहा जाता है। शहर के प्रमुख आकर्षण पशुपतिनाथ मंदिर को भगवान शिव का घर माना जाता है। बनारस से लेकर काठमांडु तक शिव के भक्तों की श्रद्धा में लेशमात्र भी कमी नहीं है। माथे पर बड़ा सा टीका, हाथों में फूल, दीपक और प्रसाद को लकड़ी की टोकरीनुमा पात्र में लिए चतुर्मुखी लिंग वाली शिव प्रतिमा पर श्रद्धा अर्पण करने के लिए अपनी बारी की प्रतीक्षा करते श्रद्धालू बिना किसी जल्दबाजी के शिव का स्मरण करते नजर आते थे। शिव प्रतिमा के सामने कांसे से बनी नंदी की विशाल प्रतिमा साक्षात नंदी का अनुभव कराती है कि वह अनंत अनंत वर्षों से शिव की सेवा में रत है। शिव के बगल में ही भैरव का विशाल मंदिर है। मंदिर के अहाते में शिव के ध्यान में मग्न शिवभक्तों को देखकर यह किसी बड़े शिव आश्रम जैसा प्रतीत होता है।

नेपाल के राजाओं की समाधियां भी इसी मंदिर परिसर में मौजूद हैं। शिव के श्रीचरणों को छूती हुई बागमती नदी शिव के कानों में मधुर संगीत घोलती बहती जाती है। वहां हर सुबह और शाम महाआरती के वेश में पंचभूत के दो तत्व अग्नि और जल महाभूत शिव को अपना समर्पण करते हैं। यात्रा की संध्या को उस समर्पण का साक्षी बनने का अवसर हमें भी मिला। नदी के स्वच्छ घाटों पर वैदिक मंत्रोच्चारों के साथ भव्य आरती नास्तिक के हृदय में भी शिव कंपन्न पैदा कर देती

है। बच्चे, महिला, बुजुर्ग सभी आरती की स्वर लहरियों और नदी के प्राकृतिक संगीत पर झूमते नजर आ रहे थे। परिवार के दो सबसे छोटे सदस्य तनव और जलज के लिए यह नजारा किसी अद्भुत रोमांच से कम नहीं था। जैसे बनारस में गंगा शिव के श्रीचरण स्पर्श करते हुए बहती है, वैसे ही यहां बागमती महादेव को सिर नवाती बह रही थी। उन्हीं दिनों भारत के प्रधानमंत्री नरेंद्र मोदी द्वारा मंदिर में दान की गई चंदन की लकड़ियों को घिसकर बनाया तिलक श्रद्धालुओं के ललाट को महका रहा था।

स्वंयभूनाथ बौद्ध स्तूप पर एक साधु

यूं तो नेपाल अब सेकुलर राष्ट्र बन गया है। लेकिन स्थानीय लोगों के लिए उनका राष्ट्रीय देवता अब भी शिव ही है। और यह मंदिर शिव का मुख्य निवास है। मंदिर में गैर हिंदुओं का प्रवेश वर्जित है। गैर हिंदु

आगंतुक बागमती नदी के दूसरे किनारे से इसे बाहर से देख सकते हैं। हालांकि मंदिर के प्रवेश द्वार पर किसी से नहीं पूछा जाता कि वह हिंदू है या नहीं। संभव है चेहरा देखकर पहचान लिया जाता हो, मगर ऐसा भी कुछ प्रतीत नहीं हुआ। मंदिर के पुजारी दक्षिण भारत के ब्राह्मण होते हैं। मंदिर की सुरक्षा व्यवस्था नेपाल के सैन्य बल के हाथों में थी। दर्शन के लिए पंक्तियां बनाने से लेकिर प्रसाद वितरण का काम इनके हाथ में हैं। और हां, श्रद्धालुओं से ये लोग बहुत ही शालीनता से पेश आते हैं। मंदिर के इतिहास के अनुसार इस मंदिर का निर्माण सोमदेव राजवंश के पशुप्रेक्ष ने तीसरी सदी में करवाया था, लेकिन उपलब्ध ऐतिहासिक रिकार्ड तेरहवी सदी के बाद के हैं।

नगर भ्रमण के बाद हम शहर के दूसरे छोर पर पहुंचे। वैसे तो काठमांडु शहर मंदिरों का शहर है। लेकिन कुछ मंदिर बहुत भव्य और प्राचीन हैं, जिनका वैदिक महत्व है। ऐसा ही एक मंदिर है बूढ़ा नीलकंठ। यह भगवान विष्णु का मंदिर है। यहां भगवान विष्णु क्षीरसागर में आराम की मुद्रा में लेटे थे। इन्हें यहां बूढ़ा नीलकंठ कहा जाता है। यू तो नीलकंठ महादेव का दूसरा नाम है। लेकिन भगवान विष्णु महादेव का नाम लेकर यहां लेटे हुए है। मंदिर में घुसते ही ऐसा महसूस होता है जैसे दक्षिण भारत के किसी प्राचीन मंदिर में पहुंच गए हों। प्राचीन स्थापत्य के दर्शन यहां किए जा सकते हैं। मंदिर की सीढ़ियां चढ़ने के बाद सामने एक कुंड में एक ही विशाल चट्टान से बनी चतुर्मुखी भगवान विष्णु की जीवंत और भव्य प्रतिमा मन और मस्तिष्क में शांति की लहरे पैदा करती हैं। श्रद्धालु ईश्वर की प्रतिमा की प्रदक्षिणा कर रहे थे। स्थानीय किंवदंती के अनुसार इस कुंड में पानी काठमांडु से उत्तर पूर्व में 132 किलोमीटर दूर पवित्र स्थल गोसाइन कुंड से आता है। कहा जाता है कि विषपान के बाद गले की पीड़ा को शांत करने के लिए शिव ने त्रिशूल से गोसाइन कुंड का निर्माण किया था। मंदिर के नीचे सीढ़ियों के बाहर पूजा सामग्री बेचने वालों की लंबी कतारे हैं, जहां सुंदर शिवलिंग और रूद्राक्ष की मालाएं खरीदी जा सकती हैं। यात्री यात्रा स्मृति और श्रद्धा के लिए इन्हें खरीदते नजर आए।

स्वयंभूनाथ बौद्ध स्तूप

अब बारी थी काठमांडू शहर की आबो-हवा के साथ घुलने मिलने की। मंदिर दर्शन के बाद हम निकल पड़े थे शहर की सड़कों पर। ढलती दोपहर में काठमांडू शहर को नापना आंखों को सुकून देता था। साफ सुथरी सड़कें। शायद सफाई और कचरा निस्तारण के बारे में काठमांडू से सीखने की जरूरत है। पूरे शहर में कहीं भी गंदगी नजर नहीं आती थी। शहर के चौराहों पर यातायात को सामान्य तौर यातायात पुलिस के जवान ही नियंत्रण करते हैं। 25 लाख की जनसंख्या वाले इस शहर में भरपूर संख्या में वाहनों के बावजूद लोगों में आपाधापी नजर नहीं आती। नो पार्किंग में खड़े वाहनों को यातायात पुलिस के जवान बहुत इत्मिनान और शांति से उठाते हैं। शहर की सड़कें बहुत ज्यादा चौड़ी नहीं है, लेकिन सभी लोग अनुशासन से यातायात नियमों का पालन करते नजर आते हैं। काठमांडु शहर के मुख्य बाजारों में बहुराष्ट्रीय कंपनियों के उत्पादों के बड़े-बड़े शोरूम हैं, जहां भारत की तुलना में उत्पाद काफी महंगे हैं।

संभवतया उत्पादों को यहां तक लाने की मशक्कत के कारण। समतल से पहाड़ पर लाना कोई आसान काम नहीं है।

भोजन के लिए यह शहर शाकाहारी और मांसाहारी दोनों ही तरह के लोगों के लिए अनुकूल है। अगर आप पूरी तरह शाकाहारी हैं तो भी काठमांडू में आपको किसी भी तरह की मुश्किल नहीं होगी। आपको हर दो सौ मीटर की दूरी पर अच्छा रेस्तरां मिल जाएगा। शाकाहार भोजन की तलाश में हम भी एक माल में घुसे। उत्तर भारत की तरह थाली प्रणाली यहां भी चलन में है। दाल और पनीर की सब्जियों का स्वाद ऐसा कि पूरी तरह तृप्त हुआ जा सकता है। भोजन का दाम बिलकुल मध्यमवर्गीय जेब के अनुसार। भारतीय मुद्रा में महज सात-आठ सौ रूपए में चार लोगों का भरपूर भोजन। वैसे यहां सामिष भोजन लोगों के दैनिक आहार में शामिल है। लेकिन शहर में घूमते हुए एहसास नहीं होता है कि मांस की दुकाने भी यहां है। मांस की दुकानों के आगे दुकान का बोर्ड देखने के बाद ही इसका पता चलता है-फ्रेश मिट शप। नेपाली भाषा में ऐसा ही लिखा होता है यानी कि फ्रेश मीट शॉप। कटा हुआ मांस साफ-सुथरी दुकानों के भीतर रखे शीशे के अंदर रहता है। इन दुकानों के आसपास काटे जाने वाले जानवर भी नजर नहीं आते। और हां, नेपाल में गाय को भारत की तरह ही पवित्र माना जाता है। उसकी पूजा की जाती है।

दक्षिण पूर्वी एशियाई देशों जापान, थाइलैंड, वियतनाम, कंबोडिया, इंडोनेशिया, जावा, श्रीलंका और चीन के पर्यटक यहां बड़ी संख्या में देखे सकते हैं। खास कर महात्मा बुद्ध से जुड़े स्थलों पर पर्यटकों की भारी संख्या होती है। ऐसे ही एक स्थान स्वयंभूनाथ बौद्ध स्तूप को देखने की हमारे स्थानीय सहयोगी ने हमें सलाह दी। पहाड़ियों के बीच स्थित इस स्तूप में अनेक मंदिर हैं। इसे भगवान बुद्ध की आंख कहा जाता है। यहां बड़ी संख्या अठखेलियां करते लाल मुंह के बंदर पर्यटकों को अपना कैमरा फ्लैश करने के लिए मजबूर कर देते हैं। इसे मंकी टेंपल भी कहा जाता है। स्तूप के चारों ओर पतली डोरियों में लिपटी लाखों की संख्या में रंग-बिरंगी झंडियों की कतारें स्तूप के दृश्य को मनोरम बना देती है।

स्वयंभू नाथ बौद्ध स्तूप पर प्रणेश

इस स्तूप में प्रवेश के लिए भारत सहित दक्षिण एशियाई देशों और अन्य देशों का प्रवेश शुल्क अलग अलग है। खास बात है कि नेपाल ने दक्षिण एशियाई देशों के लिए रियायती प्रवेश शुल्क की सूची में चीन को शामिल कर लिया है। पिछले एक दशक में नेपाल का चीन के साथ रिश्तों में आई नजदीकी का इसे संकेत तो कहा ही जा सकता है। इस मंदिर में प्रवेश करने से पहले अगर थोड़ी भूख लगी हो तो स्तूप के प्रवेश द्वार पर रोटी के साथ चना, सोयाबड़ी और आलू की बिना तेल और मिर्च मसालों की सब्जी का आनंद लिया जा सकता है। इस परिसर के आसपास दूर दूर तक मांस की दुकान नजर नहीं आती। स्तूप के सबसे ऊपरी स्थान से पूरे काठमांडू शहर को आंखों और कैमरों में भर सकते हैं। पर्यटक इस स्थान से काठमांडू को अपने कैमरों की रीलों में क्लिक कर रहे थे। यहां से काठमांडू शहर का भौगोलिक शरीर नजर आता है जो शिवपुरी, फूलचौकी, नागार्जुन और चंद्रगिरी पहाडियों की ओट से घिरा

प्याला जैसा दिखता है। हमने भी यहां अलग अलग कोणों से अनेक तस्वीरें उतारी। बच्चों ने इस मंदिर में सबसे ज्यादा आनंद किया।

बौद्ध स्तूप की पवित्र आध्यात्मिक तरंगों से अपने मन और मस्तिष्क को लैश कर हम नेपाल के इतिहास में प्रवेश करने के लिए नारायण हिती शाही पैलेस पहुंचे। यह नेपाल के राजाओं का दरबार है। इसे दरबार स्क्वायर भी कहा जाता है। यहां प्रवेश शुल्क नेपाली मुद्रा में विदेशी नागरिक के लिए ढाई सौ रूपए है। सामान्य तौर पर यह कुछ ज्यादा प्रतीत हुआ। यह महल लगभग वैसा ही है जैसे हम राजस्थान के किसी भी प्राचीन महल या जयपुर, उदयपुर के सिटी पैलेस में घूम रहे हो। लेकिन इस महल का दुखद पहलु ही इसका सबसे दिलचस्प और रोमांचक पहलु है। पूरे शाही पैलेस में महाराज वीरेंद्र वीर विक्रम शाह पर ज्यादा फोकस किया गया है। शायद इसलिए कि वे नेपाल के सबसे लोकप्रिय राजा रहे हैं। शाही पैलेस की तस्वीरों में भारत के राष्ट्र अध्यक्षों की कई तस्वीरें दिखाई देती हैं। इस महल का काफी हिस्सा नया है। और उसमें आधुनिक स्थापत्य को देखा सकता है।

नारायणहिति पैलेस

भीतरी महल घूमने के बाद इसके पिछवाड़े के शाही महल के ध्वंस स्थान पर जाकर दिमाग में वर्तमान, भूत और भविष्य गड्डमड्ड हो जाता है। यह वह स्थान था जहां से नेपाल के इतिहास ने नई करवट ली

थी। नेपाल के शाही इतिहास में इस स्थान और घटना का बहुत महत्व था। यहां आकर एक जून दो हजार एक की का ऐतिहासिक हत्याकांड का घटनाक्रम ताजा हो जाता है। ऐसी घटना जिसने लोगों के विश्वास को तोड़कर रख दिया। ऐसा घटनाक्रम जिसमें महत्वाकांक्षाओं के उफान ने उथल पुथल मचा दी। उस घटना से महज एक मीटर की दूरी से गुजर रहे थे कि कदम वहीं ठिठक गए। राजा वीरेंद्र वीर विक्रम शाह और पूरे परिवार की हत्या के स्थल से गुजरते ही उस वक्त के अखबारों में छपी हैडलाइंस आंखों के सामने आ गई। कुछ पलों के लिए चित उस घटनाक्रम की कल्पना में डूब गया। हालांकि उस घटना का ओर-छोर यहां की खुफिया एजेंसियां तब तक नहीं तलाश सकी थी। नेपाल के लोकप्रिय राजा बीरेंद्र, रानी ऐश्वर्या सहित परिवार को दस लोगों की हत्या किए जाने की कहानियां अभी भी वहां के माहौल में खामोशी से गूंज रही थीं। घटनास्थल के गलियारों और कक्षों को ध्वस्त कर दिया गया था। उनकी सिर्फ नींव भर छोड़ दी गई है, ताकि घावों को हरा होने से रोका जा सके। लेकिन इतिहास कभी मिटाया जा सका है क्या। इतिहास के निशान महल गिराने से नहीं मिटते, ऐसे घाव हमेशा जिंदा रहते हैं। और नेपाल का इतिहास इस घटना को कभी नहीं भुला सकेगा।

3

दार्जीलिंगः पहाड़ों की रानी

हिंदी के महान कथाकार फणीश्वर नाथ रेणु के मैले आंचल अर्थात बिहार के अररिया में भारत नेपाल अंतरराष्ट्रीय सीमा पर जोगबनी कस्बा साहित्यप्रेमियों में एक अलग सा रोमांच पैदा करता है। हालांकि तब से लेकर अब तक जोगबनी में बहुत कुछ बदल चुका है। लेकिन उसकी मिट्टी और उसकी आत्मा अभी तक वैसी ही है। हर बार की तरह हमारे सहयात्री प्रणेश के सौजन्य से इस बार भी हम जयपुर से जोगबनी तक पहुंच चुके थे। यह साल दो हजार पंद्रह का सितम्बर महीना था। कुछ दिन जोगबनी के देहातीपने का आनंद लिया। जोगबनी भारत और नेपाल का सीमांत क्षेत्र है। यहां मौजूद एक रेलवे फाटक दोनों देशों की आधिकारिक सी सीमा बनाता है। फाटक के उस पार नेपाल तो इस पार भारत। देश की सीमा की इस तरह का आनंद लेने का अवसर पहली बार ही मिला। जोगबनी के बारे में बातें दूसरे अध्याय में। बहरहाल, हम यहां से आगे की यात्रा की तैयारियों में जुट गए। यात्रा का खाका खींचा गया। इस बार यात्रा दार्जीलिंग होते हुए सिक्किम और भारत-तिब्बत सीमा नाथुला तक का रास्ता तय करने का सामूहिक निर्णय लिया गया।

मिरिक में जलज, तनव और वाची

निजी वाहन से सड़क मार्ग से हम दौड़ पड़े। खेतो, पहाड़ों, नदियों, तालाब, झील, धान के खेत, अनानास के बाग, चाय के बागानों का आनंद लेते हुए हम घने कोहरे के बीच झोपड़ीनुमा नुक्कड़ों पर मौजूद चाय की दुकानों पर चाय की चुस्कियां लेते हुए आगे बढ़े जा रहे थे। जोगबनी से सिक्किम के रास्ते में बिहार, पश्चिम बंगाल के पहाड़ी क्षेत्र, नेपाल और सिक्किम की संस्कृतियों, रहन सहन और खानपान से परिचित हो रहे थे।

जोगबनी से निकलने के बाद हमें नेपाल से बहकर भारत आने वाली तीस्ता नदी के दर्शन हुए। यह हमें पीछे छोड़ती हुई समंदर में समा जाने के लिए दौड़ी जा रही थी। जोगबनी से हमने नेपाल के पहाड़ी कस्बे कन्याम कस्बे से होते हुए दार्जीलिंग का रास्ता पकड़ा। हालांकि कन्याम तक जाने के रास्ते और भी हैं। मसलन आप नेपाल के विराटनगर होकर भी जा सकते हैं। लेकिन हमारी यात्रा के दौरान वहां मधेश आंदोलन

चल रहा था। तनाव के क्षेत्र में होकर जाना यात्रा के स्वाद को कसैला कर सकता था। लिहाजा नेपाल-भारत के सीमा क्षेत्र में होकर जाना ही मुनासिब समझा।

जलज, तनव और वाची के साथ लीलि

वुधवारे और विरतामोड़ होते हुए हम नेपाल के इलाम जिले का खूबसूरत कस्बा और पर्यटक स्थल कन्याम पहुंचे। यह कन्याम अर्थात देवी का स्थान है। यहां मौजूद एक पहाड़ी पर देवी का मंदिर है। चाय की सुंदर पहाड़ियों पर घने बादलों को ओढ़े कन्याम कस्बा रास्ते में ही आपको रूकने के लिए विवश कर देता है। हरी-भरी पहाड़ियों पर सकड़ी लेकिन साफ सुथरी सड़कें है। जैसा कि पहाड़ियों में अमूमन होता है। सड़क के एक तरफ अपेक्षाकृत कम ऊंची पहाड़ी और दूसरी ओर ढलान वाली तलहटी। सड़कों पर चाय पत्तियां तोड़ने के लिए रंग-बिरंगी पोशाकों में जातीं स्थानीय महिलाएं और युवतियों को देखकर ऐसा लगता है कि सैनिकों की कोई टुकड़ी अपने मिशन पर जा रही है।

कन्याम पहुंचते पहुंचते दोपहर के लगभग बारह बज गए थे। लेकिन रास्तों में बने लकड़ी और खपरैल के घरों में खुली चाय की दुकानों पर बैठ बैठे कांपते हाथों को देखकर लगता था कि सुबह अभी ढली नहीं है। ठिठुरन से हाथ कंपकपा और होंठ थरथरा रहे थे। पानी से भरे बादल सड़क पर अपना रास्ता बनाते हुए जाते नजर आते थे और सड़क को गीला कर अपने निशान छोड़ पास के ढलानों पर चाय के बागानों में गुम हो जाते थे। सड़क के किनारे खड़े लंबे चीड़ के दरख्तों से बने प्राकृतिक खूबसूरत दृश्य को कैमरों में कैद करने के लिए हम कार से नीचे उतर पड़े और पास में लंबे पहाड़ी वृक्षों के झुरमुट में घुस गए, जहां बादल इन दरख्तों को चूम रहे थे और इसका परिणाम यह हुआ कि हमारे ऊपर बारिश की झड़ी लग गई थी। हमारे कैमरे, मोबाइल, जूते और कपड़े सब कुछ भीग रहे थे। पेड़ों के नीचे खड़े घोड़े उन पर पानी पड़ने से हिन हिना रहे थे। शायद मालिक का इंतजार कर रहे थे।

कन्याम की यादों को कैमरे, मोबाइल कैमरों में कैद कर हम पशुपतिनगर से नेपाल सीमा को फिर से पार कर दार्जीलिंग के क्षेत्र में मिरिक झील पहुंच गए। दोनों देशों की पशुपतिनगर सीमा पर भारत और नेपाल के कस्टम के कुछ अधिकारी बैठते हैं। यहां पहुंचते पहुंचते हमें शाम हो गई। यहीं हमारा पहला पड़ाव था। भारत और नेपाल की सीमाएं पहाड़ियों में इस तरह गूंथी हुई हैं कि आप कब नेपाल पहुंच गए और कब वापस अपने देश आ गए, मालूम ही नहीं चलता। शायद इसलिए भी कि हमारी और नेपाल की संस्कृति, सभ्यता, खान-पान, रहन-सहन और बोल चाल में बहुत ही मामूली सी भौगोलिक बारीक रेखा है, जिसे पता करना बहुत कठिन होता है। यहां पुलिस के जवान आपसे बहुत तसल्ली से बात करते हैं। सड़कें छोटी हैं लेकिन बिना टूटी-फूटी और साफ सुथरी। मिरिक पहुंचने से पहले नेपाल-भारत अंतरराष्ट्रीय सीमा से पहले नेपाल में सीमाना कस्बा पड़ता है। सीमाना यानी सीमा क्षेत्र। यहां आपको बाजार में चीन में बने सभी सामान मिल जाएंगे। यहां से मिरिक महज दस से बारह किलोमीटर की दूरी पर रह जाता है।

मिरिक झील

मिरिक पहुंचते पहुंचते हम लोग थक गए थे। सौभाग्य से हमें ठहरने के लिए यहां के प्रमुख आकर्षण सुमेंदु झील के ठीक सामने के होटल के दूसरे और तीसरे माले पर दो कमरे मिल गए थे। इस होटल में कमरों के बाहर बालकनी से हमने भरी नजरों से झील के सौंदर्य का पान किया। हमने देखा कि शाम होते होते एक छोटी बादली ने पूरी झील को अपनी आगोश में भर लिया। फिर रात तक हम झील का दीदार नहीं कर सके। इसके लिए हमें अगली भोर का इंतजार करना पड़ा। मौसम साफ हो तो यहां से कंचनजंगा की पहाड़ियों को खुली आंखों से देखा जा सकता है। लेकिन हमारी आंखों को यह सौभाग्य नहीं मिला। लेकिन सुबह झील की लगभग साढ़े तीन किलोमीटर की परिधि में छोटी पगडंडियों चहल कदमी करते हुए हम घंटों घूमते रहे। बच्चों ने झील पर बने पुल पर जमकर तस्वीरें उतरवाई। आसपास की पहाड़ियों से झरनों से आया पानी इस झील का पेट भरता है और अपच पानी एक नाले से बाहर जाता रहता है। झील के किनारे ही सुंदर ढंग से बना बड़ा एक बगीचा भी है। और इस बगीचे के दूसरी ओर होटल और लॉज हैं। इस बगीचे में लगी बैंचों पर बैठकर आप अपनी मधुर स्मृतियों को झील को झूकर आती ठंडी हवाओं से मिलकर ताजा कर सकते हैं।

मिरिक झील के किनारे पत्नी डॉ. प्रेरणा के साथ लेखक

झील की खूबसूरती का आनंद को समेटे हम यहां से लगभग ढाई तीन किलोमीटर दूर पहाड़ी पर मौजूद प्राचीन बौद्ध मठ पहुंच गए। यह किसी तिब्बती मठ जैसा प्रतीत होता है। यहां गेरुए कपड़ों में बौद्ध भिक्षु धार्मिक क्रिया कलापों में व्यस्त थे। यहां ध्यान लगाने के लिए श्वासों को ऊपर नीचे करने की आवश्यकता नहीं पड़ती। बस, आंखें मूदों और ध्यान आपके मन मस्तिष्क को नए धरातल पर ले जाता है। इस मठ के अहाते में लंबी चौड़ी छत पर बच्चों ने खेलने का आनंद लिया। लेकिन अचानक इतना घना कोहरा छा गया कि एक दूसरे का हाथ भी दिखना बंद हो गया। पहाड़ों में बादल और कोहरे का यह खेल सामान्य बात है। हमें वापस गाड़ी की ओर दौड़ना पड़ा। जोरदार बारिश शुरू हो गई। हालांकि बारिश से कोहरा छट गया था। लेकिन हमने आगे बढ़ने का फैसला किया। महात्मा बुद्ध की आध्यात्मिक तरंगों को अपने साथ लेकर यहां से हमने दार्जीलिंग से सात किलोमीटर पहले घूम का रूख किया।

पहाड़ों का रानी दार्जीलिंग

मिरिक झील से पहाड़ियों के रास्ते हम दार्जीलिंग के घूम कस्बे पहुंचे। यहां तक पहुंचने के लिए फिर से नेपाल-भारत सीमा के पशुपतिनगर होकर आना था। एक बार भारत-नेपाल सीमा से सटकर गुजरे। इस बीच दार्जीलिंग के प्रसिद्ध चाय के बागानों से हमारा परिचय हुआ। दूर ऊंची पहाड़ियों तक, जहां तक देखों, बस चाय ही चाय के हरे भरे बागान। यह चाय ही यहां के जीवन और सांसों की ताजगी का मूल आधार है। घूम से दार्जीलिंग जाते वक्त खूबसूरत राहों में कुछ छोटी दुकानें दिख जाती हैं। यहां कुछ पल रुककर चाय का चुस्कियों का आनंद जरूर लीजिए। चाय के प्याले को जुबान से लगाते ही ऐसा लगता है चाय के बागान को गले से नीचे ऊतार लिया है। महज दस रूपए में एक कप। मन करें तो तीन-चार कप चाय पी जा सकती है। कुछ भूख हो तो यहां दस बीस रूपए में तीखे मसाले के साथ प्याज वाले चने-मुरमुरे भी मौजूद हैं। बाजारों में चाय की हजारों किस्में मौजूद हैं। लेकिन इन बागानों को देखकर लगता है चाय की सिर्फ एक ही किस्म होती होगी। चीड़ और

देवदार के ऊंचे आसमां को छूते दरख्तों के बीच चाय की पहाड़ियां किसी नवेली दुल्हन सी महसूस होती है। करीने से खड़ी एक समान ऊंचाई में, शर्मीली सी जैसे ढेर सारा इत्र लगाए हुए हो। इनकी महक से खुद नागराज इनके चरणों में आ बैठते हैं। स्थानीय लोग बताते हैं कि चाय पत्तियां तोड़ने के लिए कामगारों को पैरों में खास तरह के जूते पहनने पड़ते हैं।

गुडरिक सहित कई टी एस्टेट के यहां बड़े साइन बोर्ड देखे जा सकते हैं। बागानों के बीच सड़क से ही टी ऐस्टेट के मैनेजरों के आलीशान और खूबसूरत बंगले नजर आते हैं। इन रास्तों को पार कर उस पार जाने को मन ही नहीं करता। रास्तों में गाड़ियों की ज्यादा भीड़ भाड़ नहीं है। इसकी वजह है हमने घूमने का वक्त थोड़ा बेवक्त चुना, जो हमारे लिए फायदेमंद रहा। घूम में हमें इसका फायदा मिला। होटल आसानी से मिल गया और टॉय ट्रेन में आसानी से सीट भी। दार्जीलिंग से देश के सबसे ऊंचे लगभग सात हजार फीट की ऊंचाई पर स्थित रेलवे स्टेशन घूम तक का सात किलोमीटर का टॉय ट्रेन के सफर का जमकर बच्चों सहित बड़ों ने भी जमकर आनंद लिया। पीक सीजन में इस ट्रेन का टिकट पहले बुक करवाना होता है।

विश्व विरासत में शामिल यह ट्रेन दार्जीलिंग शहर की नसों में होकर नैरो गेज पर चलती है। लेकिन इसकी कांचदार खिड़कियों से बाहर का नजारा इसमें बैठने का असली आनंद देता है। लगभग बीस से तीस किलोमीटर प्रति घंटा की गति से चलती ट्रेन कब सड़क पर फंसे ट्रेफिक के कारण रूक जाए कहां नहीं जा सकता। इस दौरान वहां अपने बच्चों के लिए आसपास के दुकानों से आप खाने-पीने की चीजें खरीदने का दुस्साहस कर सकते हैं। दार्जिलिंग शहर के बाजारों में दुकानों के बाहर फैंसी कपड़ों को छूती हुई और दूसरी ओर पहाड़ी पर चिपकी हरियाली को चूमती हुई दो डिब्बों की ट्रेन पूरे शहर से महज पैंतालीस-पचास मिनट में रूबरू करवा देती है। मौसम साफ हो तो ऊंची पहाड़ियों, गहरी खाइयों और खूबसूरत शहर से भी दीदार किया जा सकता है। हम इस मामले में सौभाग्यशाली रहे। घूम से पहले यह बतालिया लूप में आठ के आकार में घूमती है। इस लूप में ट्रेन को घूमने देखना दिलचस्प होता है। वैसे,

दार्जिलिंग हिमालयन रेलवे की यह ट्रेन दार्जीलिंग से न्यू जलपाईगुड़ी तक का लगभग 78 किलोमीटर का सफर करती है।

दार्जिलिंग की ऐतिहासिक टॉय ट्रेन

एक और बात, दार्जीलिंग स्टेशन पर आप महज पांच रूपए में लेमन टी का आनंद जरूर उठाइए। यह चाय मन में ताजगी भर देती है। चाय के कपों में उठती सफेद भाप किसी अच्छी खासी ठंड का एहसास देती है। इस स्टेशन पर बैठकर चाय पीने का एहसास किसी भी यूरोपीय देश के किसी खूबसूरत ठंडे और बर्फीले स्थान पर चाय पीने की कल्पना से ज्यादा आनंद देता है। अगर आपने रणवीर कपूर और प्रियंका चौपड़ा

की फिल्म बरफी देखी है, तो बरफी का दार्जीलिंग स्क्रीन से निकलकर आपकी आंखों के सामने आ जाएगा।

अगर आप सिर्फ शाकाहारी खाने के शौकीन है, तो दार्जीलिंग में चिंतित होने की कोई बात नहीं है। पूरे शहर में शाकाहारी खाने के बेहतरीन रेस्त्रां मिल जाएंगे। थाली प्रणाली यहां भी जारी है। लगभग डेढ़ सौ से दो सौ रूपए में उम्दा भोजन यहां मिल जाएगा। साथ में मीठी सौंफ भी। बाजारों में ज्यादातर नेपाली समुदाय के लोगों की दुकानें हैं। बाजार जल्द बंद हो जाते हैं। यहां मौसम का कोई भरोसा नहीं। बाजारों में दोनों ओर कम से कम चार से पांच मंजिलों के घर हैं। इससे अंदाजा लगाया जा सकता है इस नाजुक से पहाड़ी शहर पर कितना दबाव है। और हां, अगर आप अपनी व्यक्तिगत गाड़ी से गए हैं, तो पार्किंग की जगह पहले ही ढूंढ़ लें। पार्किंग यहां की बड़ी समस्या है। खैर, हमें इन समस्याओं का सामना नहीं करना पड़ा। दार्जीलिंग को अलविदा कह अगले पड़ाव के लिए निकल पड़ें। गैंगटोक के लिए।

लामहट्टाः देव निर्मित झील

अगर आप नव विवाहित हैं तो दार्जीलिंग मत रूकिए। दार्जीलिंग से आगे बढ़िए। लगभग 23 किलोमीटर की दूरी पर एक खूबसूरत जगह नजर आएगी- लामहट्टा। सब कुछ भूलकर यहां एकांत में आप अपने से बात कर सकते हैं। अपने प्रेमी के साथ घंटों बिता सकते हैं। राज्य सरकार और स्थानीय ग्रामीणों की मदद से ग्रामीण पर्यटन के रूप में तैयार इस प्राकृतिक आवास में कम से दो दिन गुजारे जा सकते हैं। इस कस्बे में शेरपा, यालमो, तमांग, भूटिया, दुकपा और छेत्री जनजाती के लोग रहते हैं। लोगों ने अपने आवास पर पर्यटकों के लिए रहने के लिए एक-दो कमरों का होमस्टे तैयार किया है।

लामहट्टा का सबसे खूबसूरत आकर्षण हैं पहाड़ी पर मौजूद एक झील। ऐसा लगता है कि यह झील देवताओं ने अपने विहार के लिए बनाई होगी। यह कस्बे में पहाड़ी के ऊपर लगभग एक से डेढ़ किलोमीटर की ऊंचाई पर मौजूद है। ऊपर तक जाने के लिए सकरा रास्ता है। पगडंडी के रास्ते बीच बीच में विश्राम करने के लिए बांस की कई बैठकें भी बनाई हुई है, जहां सांसों को आराम दिया जा सकता है। यहां तक पहुंचने में हमें

आधा घंटा लगा। बादलों से नहाई झील बिलकुल शांति से सैलानियों की प्रतिक्षा करती रहती है। झील के साफ पानी से इसकी तलहटी साफ नजर आती है। इसी दौरान हल्की बारिश का भी दौर शुरू हो गया था, जिसने हमारी ट्रेकिंग को और भी मजेदार बना दिया।

लामहट्टा झील की पहाड़ियों पर प्रशंषा

झील के किनारे हम सभी ने जमकर तस्वीरें उतारी। झील के चारों और बांस से बनी बैंच लगी हुई हैं। इन बैंचों पर बैठकर आप घंटों बतियाएं। झील को निहारें। यकीन मानिए यहां वक्त ठहर सा गया था। लगा कि हम जल के देवताओं से बात कर रहे हों। कस्बे में होम स्टे नंबर 89 की मालिक श्रीमती सुजाता छेत्री के घर में हमने चाय नाश्ता किया और हिमालय की ओर निकल पड़े। महादेव के घर की ओर। गैंगटोक की ओर।

4

सिक्किमः भारत के माथे की बिंदी

दार्जीलिंग की यात्रा से आगे हमने सिक्किम की ओर बढ़ना शुरु किया। यह साल दो हजार पंद्रह के सितंबर महीने की चार तारीख थी। सिक्किम की राजधानी गैंगटोक तक की यात्रा की सबसे खूबसूरती उसका खुशगवार रास्ता है। पूरे रास्ते में सड़क के दोनों ओर पहाड़ों से झरते झरने यात्रियों का अभिवादन करते दिखते हैं। इनका पानी इतना साफ है कि यहां से सीधे ही पानी पिया जा सकता है। लामहट्टा से जैसे ही गैंगटोक की ओर बढ़ना शुरू करते हैं, खूबसूरत वादियां अभिवादन के लिए तैयार रहती हैं। लामहट्टा से लगभग सत्तर किलोमीटर की दूरी हमने लगभग तीन घंटे में पूरी कर ली। राष्ट्रीय राजमार्ग संख्या दस हमें गैंगटोक तक ले जाता है। इस रास्ते पर थोड़ा आगे बढ़ने पर तीस्ता नदी ने दामन थाम लिया और पूरे रास्ते हमारे साथ उल्टी दिशा में बहती रही। हम उसकी धारा के विपरीत ऊपर की ओर बढ़ते हैं, इस वादे के साथ कि जब वापस आएंगे तो साथ साथ चलेंगे। खैर, तीस्ता सर्पिली गति में मस्त है। बीच-बीच में इसके सीने में बने पावर प्रोजेक्ट से यह लोगों के घरों में रोशनी भी भर रही है। अपने दोनों किनारों पर यह बांस, देवदार, चीड़ और केलों के पेड़ से भरी पूरी है। तीस्ता पर बने पुल के एक और दार्जीलिंग की सीमा समाप्त हो जाती है और दूसरी ओर सिक्किम पुलिस

के सिपाही ड्रेगननुमा रंगीन चूने पत्थर के बने भव्य दरवाजों पर यात्रियों का अभिवादन करते हैं। थोड़ी पूछताझ, और थोड़ी ताक-झाक करते हैं। फिर मुस्कराकर जाने देते हैं। सिक्किम चीन अतिक्रमित तिब्बत की सीमा पर जो मौजूद है।

प्रशासनिक नजरिए से सिक्किम के चार हिस्सें हैं उत्तर-दक्षिण-पूर्व-पश्चिम। राज्य की राजधानी गैंगटोक पूर्वी हिस्से का मुख्यालय है। गैंगटोक पहाड़ी शहर है। यहां भी सड़कें बहुत ज्यादा चौड़ी नहीं है। लेकिन आमने-सामने से गाड़िया आसानी से गुजर सकती है। और सड़क के एक किनारे पर लोहे से बनी मजबूत रैलिंग से सुरक्षित फुटपाथ से पर्यटक और स्थानीय लोग एक जगह से दूसरी जगह तक जा सकते हैं। पूरे गैंगटोक शहर में यह सुंदर व्यवस्था है। सड़क पार करने के लिए भी ओवर ब्रिज बनाए गए हैं। आम लोग इसका पालन भी करते हैं।

गैंगटोक के गांधी बाजार में

हमें यहां के प्रसिद्ध महात्मा गांधी बाजार के थोड़ा ऊपर एक सुंदर सा होटल रहने के लिए मिल गया। इस बाजार के पास ही यहां की बत्तीस सदस्यों वाली विधानसभा का सुंदर भवन है। यह बाजार क्यों खास है? इस पर बात करते हैं। इस बाजार से देश के दूसरे पर्यटन शहर भी सीख सकते हैं। इस बाजार में किसी भी तरह का वाहन ले जाने पर पूरी तरह रोक है। बाजार के प्रवेश पर पुलिस कर्मी तैनात हैं। बाजार की चौड़ाई लगभग अस्सी फीट होगी। दोनों ओर कपड़े, रेस्त्रा, माल, गिफ्ट आइटम से लेकर हर तरह की सामग्री मौजूद है। सड़क टाइल्स की बनी है। सड़क के बीच बने हरे भरे पक्के डिवाइडर के दोनों से हर दस फीट की दूरी पर लोहे की बैंचे हैं, जिन पर बैठकर बाजार, खाने और गपियाने का आनंद लिया जा सकता है। डिवाइडर पर खूबसूरत सजावटी पौधे और फूलों की झाड़ियां हैं, जो बाजार की खूबसूरती और बढ़ा देती हैं। और हां, हर बीस फीट की दूरी पर चेतावनी बोर्ड भी है, जिसमें नेपाली भाषा में साफ लिखा है कि यहां गंदगी फैलाने पर पांच हजार रूपए का जुर्माना है। शाम के वक्त इस बाजार में टहलिए।

नेपाली भाषा से याद आया। आप पूरे सिक्किम में अपनी भाषा, हिंदी में सहजता से बात कर सकते हैं। वैसे यहां नेपाली, लेप्चा और भूटिया भाषा और बोलियों का चलन है। भारतीय सूचना सेवा के आकाशवाणी में अधिकारी श्रीमान विनयराज तिवारी से भेंट हुई। उन्होंने बताया कि आकाशवाणी गैंगटोक से हर शाम तीनों भाषाओं में समाचार प्रसारित किए जाते हैं। सिक्किम के गांवों देहातों में ये समाचार सुने जाते हैं। खासकर सेना के लिए ये समाचार सूचना के प्रमुख स्रोत माने जाते हैं।

यहां युवक-युवतियों को दक्षिण-पूर्वी एशियाइ देशों की तर्ज पर स्टाइलिश लुक में देखा जा सकता है। मुख्य रूप से हिंदू और बौद्ध यहां के प्रमुख समुदाय हैं। थोड़े बहुत ईसाई भी हैं। बड़ी संख्या में बौद्ध मठ हैं। गेरुए धारी बौद्ध भिक्षु प्राय दिख जाते हैं। शिव यहां के आराध्य है। हर सड़क, मोड़ और बस्तियों में शिव मंदिर दिखाई देते हैं। यहां तक पहाड़ियों में भी छोटे-बड़े शिव मंदिर बने हुए हैं। आखिरकार महादेव का यह घर जो है।

नाथूला: उखड़ती सांसें

वर्ष दो हजार पंद्रह में ही जब प्रधानमंत्री की पहल पर चीन ने नाथुला दर्रे को कैलास मानसरोवर के लिए एक और वैकल्पिक रास्ते के रूप में खोल दिया था तो इस दर्रे पर आम पर्यटन के साथ धार्मिक पर्यटन से जुड़ी गतिविधियां भी बढ़ गई थीं। हम मानसरोवर तो नहीं, लेकिन इस रास्ते के जरिए महादेव के परमधाम कैलास मानसरोवर तक की मुश्किल यात्रा करने वाले श्रद्धालुओं के अहम पड़ाव क्योंगनोस्ला होते हुए नाथूला के लिए रवाना हुए। गैंगटोक में दूसरे दिन यानी पांच सितंबर की सुबह आठ बजे हम नाथूला के लिए निकल लिए। नाथूला जाने के लिए स्थानीय टैक्सी लेनी पड़ती है। इससे पहले नाथूला जाने वाले सभी लोगों का पंजीकरण करना अनिवार्य होता है, जिसके लिए हमारे स्थानीय सहयोगी ने एक दिन पहले हम सभी से पहचान पत्र की प्रतिलिपि और दो पासपोर्ट आकार की तस्वीरें लेकर सभी औपचारिकताएं पूरी कर ली थी।

नाथूला जाना देशकाल और परिस्थितियों पर निर्भर करता है कि आप वहां जा पाएंगे या नहीं। अगर उस दिन बारिश हो गई, तो आपको मायूस होना पड़ेगा। हो सकता है अगले कई दिन आप वहां नहीं जा सकें। इस मामले में हम सौभाग्यशाली रहे। उस दिन सुबह से ही मौसम साफ था और आसमान में सूरज साफ चमक रहा था। गैंगटोक से हनुमान टोक होते हुए नाथूला तक की लगभग चौपन किलोमीटर की पहाड़ी चढ़ाई हमने कार से साढ़े तीन घंटे में पूरी कर ली थी। यह रास्ता ऐतिहासिक सिल्क रूट का हिस्सा है जो तिब्बत के ल्हासा को सुदूर बंगाल के मैदानों से जोड़ता है। यह भारत और चीन के बीच सड़क मार्ग से व्यापार का एकमात्र रास्ता है। लगभग चौदह हजार फीट से ज्यादा की ऊंचाई पर जब कार से उतरते हैं तो दिमाग के तंतु लड़खड़ाने लगते हैं। यहां हवा का दबाव बहुत कम हो जाता है। दिमाग को प्राणवायु आक्सीजन की खुराक कम पड़ने लगती है। हमें अपनी सामान्य हालत में आने में काफी वक्त लगा। हम में से मुझ सहित एक दो को इसका एहसास हुआ। लेकिन शायद बच्चों के दिमाग में ईश्वर आक्सीजन का अतिरिक्त सिलेंडर रखता है। बच्चे एकदम सामान्य थे और नाथूला की ठंड की भी परवाह

नहीं कर रहे थे। उन्हें जबरदस्ती सर्दी से बचाव के लिए कपड़े पहनाने पड़े।

यहां कैमरे ले जाने की इजाजत नहीं है। भारतीय सीमा में हमारे सैनिक पूरी मुस्तैदी से खड़े थे। उनकी मुस्कान बताती है कि भारतीय पर्यटकों का यहां तक पहुंचना उन्हें कितना खुशगवार लगता था। रोते बच्चों को खुश करने के लिए वे अपनी जेबों में चॉकलेट भर कर रखते हैं। वहां तैनात कुछ सैनिकों से बात हुई। उन्होंने बताया कि चीन की ओर से भी पर्यटक इस सीमा तक पर आते हैं। लेकिन बहुत कम संख्या में। यहां नो मैन्स लैंड नहीं है। सीमा के दोनों ओर दोनों देशों की सीमा चौकियों के बीच नंगी पहाड़ियों पर सिर्फ तार खिंचा हुआ है, जिसके उस पार हाथ में कैमरे लिए एक चीनी सैनिक खड़ा नजर आता है। उन तारों को पकड़कर अपनी चारों उंगलियों को कुल पल के लिए चीन अधिकृत तिब्बती क्षेत्र में दाखिल कर सकते हैं। उस पार खड़े लगभग पच्चीस साल के चीनी सैनिक से कुछ भारतीय पर्यटक हाथ मिलाने की कोशिश करते हैं तो वह भी खुशी-खुशी हाथ बढ़ा देता है, लेकिन तारों के उस पार ही। और भारतीय पर्यटकों की कुछ तस्वीरें भी उतारता है। पता नहीं क्यों। सीमा रेखा के इस पार खड़ा हमारा सैनिक सीमा रेखा पर कदम रखने वाले उत्साही पर्यटकों को सावचेत करता है कि हम ऐसा नहीं करें। बात ही बातों में वह हमें बताता है कि उन्हें थोड़ी बहुत चीनी भाषा आती है, जिससे दूसरी ओर के सैनिकों से कभी कभी हाय हैलो हो जाती है। लेकिन चीनी सैनिक न तो अंग्रेजी समझते हैं और न ही हिंदी। ऊपरी तौर पर यहां तनाव एकदम शून्य है। सीमा पर पूरे पहाड़ पर नजर आती पक्की दीवार दोनों देशों की सीमाओं की पहचान कराती है। लेकिन प्रकृति इन सीमाओं को कहां मानती हैं। थोड़ी देर में एक घना बादल पूरी सीमा रेखा को ढक लेता है। अब बादल और उसकी बूंदों को कैसे बांटें।

नाथुला बॉर्डर पर डॉ. प्रेरणा

यहां शनिवार और रविवार को व्यापार बंद रहता है। हम शनिवार को पहुंचे थे, लिहाजा उस दिन दोनों ओर से दरवाजे बंद थे। कस्टम के अधिकारियों के कार्यालय भी बंद थे। स्थानीय लोग बताते हैं कि कैलाश मानसरोवर की यात्रा का रास्ता नाथुला से खुलने के बाद गैंगटोक से नाथू ला की सड़क की चमक और ज्यादा हो गई। नाथूला से पच्चीस किलोमीटर पहले क्योंगनोस्ला में मानसरोवर की यात्रा के लिए आने वाले यात्रियों के स्वास्थ्य को यहां के मौसम के अनुरूप बनाने के लिए पहले दो दिन ठहराया जाता है। इसके लिए वहां एक कार्यालय भी बना हुआ है। पूरे रास्ते में खतरनाक ढंग से भूस्खलन के भयावह दृश्य हैं, जिन्हें सीमा सड़क संगठन के मुस्तैद कार्मिक साफ करते नजर आते हैं। सर्दियों के दिनों में यहां लोग भारी बर्फबारी से बचने के लिए

बख्तरबंद घर बनाते हैं। ये टैंकनुमा दिखते हैं। इनमें बाहर देखने के लिए छोटी छोटी खिड़कियां होती हैं। भीतर गर्माहट के लिए संभवतया कुछ व्यवस्था होती होगी। पूरे रास्ते में ज्यादातर सैनिकों की सुंदर छावनियां हैं। और हां, सैनिकों को स्थानीय गांवों में जाना मना है।

ठंडे पहाड़ी रास्तों का जो सबसे मुश्किल अनुभव होता है वह है डीजल गाड़ियो से निकलने वाला जहरीला धुंआ जो सीधे नाक के रास्ते फैफड़ों में घुस जाती है। फिर दिमाग तक पहुंच आपकी यात्रा का सारा आनंद किरकिरा कर देती है। असल में, पहाड़ों की नमी वाली हवा भारी होती है और गाड़ियों से निकलने वाले धुआं में मौजूद नाइट्रोजन आक्साइड, सुक्ष्म कण और हाइड्रो कार्बन इस नमी के कारण नीचे ही रह जाते हैं। फिर कार की खिड़कियों में होकर सीधे मन-मस्तिष्क पर धावा बोलते हैं। इसीलिए पहाड़ी क्षेत्रों में अक्सर लोग मुंह पर हरी पट्टीनुमा एक मास्क पहने देखे जा सकते हैं। इसका उपाय है आप वादियों की ठंडी हवाओं से महरूम रहकर गाड़ी में शीशा चढ़ाइए और आगे बढ़िए।

हरभजन बाबा की समाधिः

नाथुला से नीचे उतरकर वापसी में बीच में बाबा हरभजन के मंदिर के दर्शन किए। प्रसाद लिया। यात्रियों की सुविधा के लिए सेना से बाबा की मूल समाधि से नौ किलोमीटर पहले यह मंदिर बना रखा है। यहां बाबा का मंदिर, कार्यालय और आरामघर है। पास में एक सैनिक तैनात है। अगर यहां आने को यादगार बनाना चाहते हैं तो एक निश्चित राशि देकर यहां आने का प्रमाणपत्र नुमा एक दस्तावेज उपलब्ध ले सकते हैं।

अगर बाबा की कहानी सुनने की इच्छा है तो यह सैनिक पूरे मन से पूरी कहानी सुनाता है। यहां पास ही एक रेस्त्रां भी हैं। इस रेस्त्रां में आप गरमा गरम आलू के समोसे का स्वाद ले सकते हैं। मंदिर की तलहटी में एक छोटी नदी बहती है, जिसके उस पार शिव की छोटी प्रतिमा है, जिसे देखकर लगता है महादेव अनंत काल से यहां तपस्या कर रहे हैं। थोड़ी देर में ही घनघोर बादल चारों ओर फैल जाते हैं और हाथ से हाथ दिखना भी बंद हो जाता है। बारिश शुरू हो जाती है। बारिश के बीचों-बीच यहां भी सांसें हल्की उखड़ी सी महसूस होती हैं। अनुभव होता है कि प्राणवायु की कमी के बावजूद सैनिक पूरी दक्षता से सीमा चौकी पर टिके हुए हैं।

हरभजन मंदिर से वापसी में लगभग सत्रह किलोमीटर नीचे रास्ते में एक खूबसूरत झील है-सोमगो। इस चांगु झील भी कहते हैं। झील के बारे में बताते हैं कि इसकी सतह मौसम के अनुसार अपना रंग बदलती रहती है। हमारे स्थानीय सहयोगी ने बताया कि सर्दी के दिनों में यह पूरी तरह जम जाती है और स्थानीय लोग और जानवर इसके ऊपर मस्ती करते हैं। झील अंडे की आकार की है और चारों ओर से पहाड़ियों से घिरी हुई है। झील के पास याक लिए कुछ स्थानीय नागरिक खड़े रहते हैं। बच्चे यहां याक पर बैठकर तस्वीरें खींचवाते है। मगर बड़े भी कहां पीछे रहते हैं।

बाबा हरभजन मंदिर पर लेखक

चार धाम: 12 ज्योतिर्लिंग

अगर जवां दिनों में ही आपको चार धाम और बारह ज्योतिर्लिंगों के एक साथ दर्शन हो जाएं तो। हम तो कहेंगे, इससे बेहतर क्या हो सकता है। सिक्किम जाएं तो चारों धामों का दर्शन जरूर करना चाहिए। सिक्किम सरकार के ग्रामीण प्रबंधन और विकास विभाग ने धार्मिक पर्यटकों के लिए सिद्धेश्वर में भव्य धार्मिक स्थल तैयार किया है। यह राज्य के दक्षिण हिस्से में बसे खूबसूरत नामची कस्बे से लगभग तीन-चार किलोमीटर की दूरी पर सोलोफाक में एक पहाड़ी पर बनाया है। इसे सिद्धेश्वर धाम नाम दिया है। यहां चार धाम और बारह ज्योतिर्लिंगों की भव्य रेप्लिका तैयार की गई हैं। लगभग छह साल में 2011 में बनकर तैयार हुए इस धाम का खास आकर्षण हैं महादेव की लगभग सौ फीट ऊंची प्रतिमा। प्रतिमा के गर्भगृह में महादेव से जुड़ी पौराणिक कथाओं को चित्रों के साथ दीवारों पर उकेरा गया है। चारों धामों के मंदिरों को हूबहू मूल शैली में तैयार किया गया है। महादेव की प्रतिमा के चारों ओर बारह ज्योतिर्लिंग स्थापित हैं। मंदिरों में पूजा करवाने के लिए पुजारी मौजूद हैं। और हां, सिद्धेश्वर में प्रवेश के लिए शुल्क भी तय किया है। प्रति व्यक्ति पचास रुपए। मौसम साफ हो तो मंदिर से ही राज्य के सुदूर उत्तर में चमकती कंचनजंगा की पहाड़ियों को देखा जा सकता है। यहां राज्य के हर हिस्से से आए हिंदु और बौद्ध मत के श्रद्धालुओं को देखा जा सकता है। मंदिर के नीचे दो शाकाहारी भोजनालय हैं। मंदिर से देशी घी में तैयार लड्डू का प्रसाद भी लिया जा सकता है।

सिद्धेश्वर

जब रास्ता भटक जाएं

अगर पहाड़ में आप रास्ता भटक गए हैं, जो चिंता करने की जरूरत नहीं है। पहाड़ में सभी रास्ते आखिर में एक मुख्य रास्ते में मिल जाते हैं। सिद्धेश्वर मंदिर से वापसी के दौरान हम भी इस पहाड़ी से वापसी का रास्ता भटक गए थे। लेकिन इस बहाने हमें पहाड़ की विविधताओं से साक्षात होने का एक अनचाहा मौका मिल गया। वापसी में थोड़ा समय तो ज्यादा लगा। लेकिन वह समय का सदुपयोग था। पहाड़ियों में जगह-जगह फूटते दूधिया झरने और विशाल पेड़, लताओं, गहरी खाइयों और नए नए लोगों से मिलने का अवसर मिला। पहाड़ियों में झरनों से कटती सड़कों को पार करना सबसे मुश्किल होता है। विशेषकर उस स्थान पर जहां पहाड़ से बहकर आ रहा पानी दूसरी और सैकड़ों फीट गहरी खाई में गिर रहा हो। लेकिन यहां वाहन चलाने वाले ड्राइवर अनुभवी होते हैं। उन्हें मालूम होता है कि दूसरी गाड़ियों को जाने देने के लिए कहां रूकना है। दिशा का ज्ञान पहाड़ में सिर्फ सूरज देवता ही करवा सकते हैं। लेकिन हमें धन्यवाद देना चाहिए उन योजनाकारों का जिन्होंने पहाड़ों में रास्ता बनाने की योजनाएं बनाई और यात्रियों के लिए मजबूत सड़कें बनवाई।

शुभरात्री पहाड़। शुभरात्री सिक्किम। हर हर महादेव।

5

मसूरीः गुस्से में है शैल सुंदरी

जिस तेजी से पहाड़ों की रानी मसूरी अपना रंग, ढंग और रूप बदल रही है, लगता है आने वाले कुछ सालों में पहाड़ों की रानी के हुस्न से मोहब्बत करने वाले इससे मुंह मोड़ लेंगे। और यह खुद भी लोगों से किनारा कर लेगी। पहली बार मसूरी साल 2015 में परिवार के साथ आना हुआ। उसके बाद वर्ष 2019 के जुलाई महीने में फिर से यहां आने का अवसर मिला। इस बार अकेला था। मगर इन चार सालों में मसूरी ने जिस तेजी से नई शक्ल धारण की है, वह प्रकृति को प्रेम करने वाले पर्यटकों के लिए किसी सदमे से कम नहीं है। पहाड़ों की इस सुंदरी की वादियों की गंध को महसूस करने के लिए माल रोड पर कदम रखते ही डीजल की गाड़ियों से निकलने वाला गंध का चकराने वाला भभका आपका स्वागत करता है। यह पहाड़ी सुंदरी हर रोज न जाने कितनी बार इस गंध से रूबरू होती है। लगभग दो किलोमीटर लंबे माल रोड पर कदम बड़ी सावधानी से इसलिए रखने पड़ते हैं कि कहीं पीछे से आ रही कोई गाड़ी आपके पैरों को कुचलती हुई न गुजर जाए।

मसूरी का एक दृश्य

माल रोड, हर पर्वतीय पर्यटन स्थल की यूएसपी यानी विशेषता होती है। यानी उस पर्वतीय स्थान को जानने, समझने, महसूस करने और यादों में बसाने के लिए ही इस रोड को बनाया जाता है। देश के हर पर्वतीय पर्यटन स्थल पर आपको माल रोड मिलेगा। और वही उस स्थल की पहचान भी होता है। कह सकते हैं वह उसकी आत्मा होता है। नैनीताल हो या फिर शिमला हर जगह माल रोड उस स्थल का सबसे आकर्षक बिंदु होता है। मगर, पिछले कुछ वर्षों में व्यवसायीकरण की खुली होड़ ने इन पर्वतीय पर्यटक स्थलों को बुरी तरह नुकसान पहुंचाया है। इसके पीछे के खेल को समझना है, तो अलग से चर्चा करनी पड़ेगी।

चिंता सिर्फ यहां आने वाले पर्यटकों को अच्छा माहौल मिले, इतनी भर नहीं है। पर्यटक तो अच्छा वातावरण और माहौल के लिए किसी दूसरी जगह को भी तलाश लेंगे। लेकिन प्रकृति के साथ हम जो व्यवहार कर रहे हैं, लगता है हम उसके प्रतिशोध से लगभग बेखबर है। हम भूल जाते हैं केदारनाथ त्रासदी। हजारों लोगों की मौत। विस्थापन। विध्वंस। प्रकृति का रौद्र स्वरूप। हम भूल जाते हैं कि हर साल बढ़ती गर्मी, पिघलते ग्लैशियर, सूखती नदियां, तालाब, पोखर, कटते जंगल और

बढ़ते प्रदूषण से मुकाबला करने के लिए हमारी आने वाली पीढ़ियों के पास आने वाले सालों में पास कोई साधन नहीं बचेंगे। हम उन्हें क्या धरोहर सौंपकर जाएंगे? यह बड़ा सवाल है। जिसका जबाव खोजने की चिंता कहीं नजर नहीं आती।

फिर से मसूरी पर लौटता हूं। दो किलोमीटर लंबे माल रोड पर लगभग एक घंटे की चहल कदमी में लगातार डेढ़ सौ दो सौ मीटर लंबा एक भी पैच ऐसा नजर नहीं आता जहां से पहाड़ों की सुंदरी को ताजी सांस के साथ महसूस किया जा सकते। माल रोड के दायी और बायी, दोनों ओर पहाड़ों पर, उन्हें खोदकर, उन्हें गहरा कर, उनके ऊपर, उन्हें हटाकर और न जाने कैसे-कैसे तरीकों से आलीशाल होटल, रेस्त्रां, पार्किंग उगा डाले गए हैं। यह सही है कि हमने सुख सुविधाएं विकसित करने में कोई कमी नहीं रखी है। और स्थानीय निकाय, या सरकार को इससे भरपूर राजस्व भी मिलता होगा। आने वाला पर्यटक यहां एक दिन की बजाय दो दिन ठहरता होगा। मगर, क्या इस मसूरी के कंधों में इतना सब झेलने की वाकई में ताकत है!

दूसरी और माल रोड पर पूरे दो किलोमीटर की लंबाई में हजारों की संख्या में छोटे-बड़े-बहुत बड़े वाहन दोनों दिशाओं से एक के पीछे एक लगभग धकियाते हुए रैंगते हुए आगे बढ़ते नजर आते हैं। संभव है इनमें बहुत से वाहन स्थानीय भी होंगे। चिंता की बात यह है कि क्या इस छोटी सी शैल सुंदरी के सीने में इतना सब कुछ सहने की क्षमता है! इतना कार्बन। इतनी गर्माहट। कहीं ऐसा नहीं हो कि वह बिफर पड़े। और किसी दिन इंद्र देवता के सहयोग से अपना रौद्र और वीभत्स रूप धारण कर लें। उस वक्त हमारे पास बचने के कोई भी साधन काम न आएंगे।

चूंकी हिमालयन रैंज की पहाड़ियां अभी भी अपने अंतिम रूप में नहीं पहुंची हैं। इसे आसान शब्दों में कहें तो यहां के पहाड़ अभी तक उतने पक्के नहीं है, जितने की अरावली या दक्षिण की दूसरी पर्वतमालाएं। यहां की पहाड़ियां अभी तक कच्ची हैं। इसलिए हर बारिश में पहाड़ियां ढह जाती है। इसे अंग्रेजी में लैंड स्लाइड कहते हैं, जो बारिश के दिनों में यहां और समूचे उत्तर पूर्व में आम बात है। इसलिए इन पर पक्का निर्माण कार्य बहुत अनुशासन के साथ करने की जरूरत होती है। पहाड़ों पर रहने

वाले लोग जानते हैं कि पहाड़ों का सम्मान कैसे किया जाता है। लेकिन पिछले कुछ दशकों में पहाड़ों और खासकर हिमालयन रैंज की पहाड़ियों का सम्मान व्यवसायीकरण की आंधी में खत्म सा हो गया है।

पर्यावरणविद मानते हैं और चेताते भी हैं कि जिस तेजी से मसूरी सहित हिमालयी पर्वतमालाओं के पर्वतीय कस्बों में पक्का निर्माण कार्य हो रहा है, वह यहां के पारिस्थितिकी तंत्र के लिए बिलकुल अनूकूल नहीं है। आवश्यकता से अधिक वाहन का रेलमपेल और उससे निकलने वाला कार्बन और गर्मी इस खूबसूरत पहाड़ी की सेहत के लिए बहुत खतरनाक है। एक और तथ्य जो यहां नजर आता है वह है यहां के ड्रेनेज सिस्टम में फंसा प्लास्टिक कचरा। हमें फिर से केदारनाथ की त्रासदी अपने जेहन में रखनी चाहिए। कहने को तो एमडीएमसी यानी मसूरी देहरादून म्युनिसीपल कार्पोरेशन के तहत इस छोटे पहाड़ी कस्बे का ख्याल रखा जाता है। लेकिन सच्चाई यह कि आपको पावभर भी जामुन लेने हैं तो वह भी यहां प्लास्टिक की थैली में बहुत आसानी से और खुलेआम मिल जाएगा। हम अनुमान लगा सकते हैं कि दिन भर में कितना प्लास्टिक कचरा यहां एकत्र होता होगा। इस मामले में कुछ पर्वतीय स्थलों के प्रशासन ने अच्छा अनुशासन दिखाया है। और वहां प्लास्टिक का इस्तेमाल पूरी तरह प्रतिबंध किया है। क्या कम से कम अपने पर्वतीय धरोहरों को जिंदा रखने के लिए इस तरह का अनुशासन हम यहां लागू कर सकते हैं?

अब थोड़ी चर्चा, मसूरी के उन पहलुओं की जो प्रकृति के अलावा इसके इतिहास को भी जानने में दिलचस्पी रखते हैं। इसका लिखित इतिहास पढ़े बिना भी माल रोड से गुजरते वक्त स्थान स्थान पर ऊंचे स्थान पर एमडीएमसी की ओर से शीशे में बंद इस कस्बें की कुछ धरोहरों से यहां के इतिहास को जाना और महसूस किया जा सकता है। अंग्रेजी शासनकाल में उन्नीसवीं सदी के आखिर में इस कस्बे को पर्वतीय स्थल के रूप में पहचान मिली। उस वक्त यहां आने वाले लोगों के सामने सबसे बड़ी समस्या आती थी आवागमन के साधनों की। 1890 में एक भारतीय व्यापारी के दिमाग में इस समस्या के समाधान के लिए एक हाथ से खींचे जाने वाले रिक्शे का विचार आया। तत्कालीन ब्रिटिश सरकार ने इसके

लिए उसे तत्काल अनुमति दे दी थी। ब्रिटिश हुकूमत ने उसे इसके लिए चार्लीविले होटल में किराए पर एक वर्कशॉप लगाने की भी इजाजत दे दी थी। उस वक्त की चार्लीविले होटल आज का लाल बहादुर शास्त्री राष्ट्रीय प्रशासनिक अकादमी यानी नौकरशाहों को प्रशिक्षण देने का स्थल है।

हाथ से खींचे जाने वाला रिक्शा जल्द ही यहां आवागमन का प्रमुख साधन बन गया था। बल्कि जल्द ही इसने स्टेटस सिंबल के तौर पर पहचान कायम कर ली। इन हाथ रिक्शाओं को खींचने वाले मजबूत युवा व्यक्ति को झंपनीज कहा जाता था। उनके लिए एक निर्धारित ड्रेस होती थी। शुरुआत में दो सीटों वाले रिक्शा को खींचने के लिए ब्रिटिश सरकार ने पांच झंपनीज को नियुक्त किया था। इसी तरह एक सीट वाले रिक्शा के लिए पांच लोगों को लगाया था। साल 1903 आते आते मसूरी के माल रोड पर तीन सौ से ज्यादा हाथ रिक्शा नजर आने लगे थे। माल रोड पर एक हाथ रिक्शा अभी भी बंद शीशे में पैक रखा है, जो उस दौर को वर्तमान समय में ले आता है।

एमडीएमसी के लगाए ऐतिहासिक धरोहरों में ही यहां के सिनेमा इतिहास का भी पता चलता है। मसूरी में पहला सिनेमा हॉल कब शुरु हुआ होगा? सोचिए। यह साल 1912 का वक्त था। पिक्चर पैलेस के नाम से 1912 में मसूरी में पहला सिनेमा हॉल शुरु हुआ था। उसके बाद 1920 और 1930 के बीच यहां कई और भी सिनेमा घर खुले। इनमें रोक्सी सिनेमा, रियाल्टो, केपिटल, मैजेस्टिक, बसंत और जुबली सिनेमा घर शुरु हुए। ये सभी माल रोड पर मौजूद थे और इनमें वर्षों तक हिंदी और अंग्रेजी फिल्में लोग देखते रहे हैं। पिक्चर पैलेस उत्तर भारत का पहला ऐसा सिनमाघर था, जो बिजली से चलता था। इसे इलेक्ट्रिक पिक्चर पैलेस भी कहा जाता था। मैजेस्टिक सिनेमा के एक प्रोजेक्टर को सैलानियों के लिए एमडीएमसी ने माल रोड के किनारे पर शीशे में बंद करके रखा है। यह मसूरी के सिनेमा के खुशनुमा दिनों की याद ताजा कराता है।

मसूरी की जीवंत किंवदंती मशहूर अंग्रेजी कथाकार रस्किन बॉन्ड की चर्चा के बिना मसूरी की यात्रा अधूरी है। लगभग 85 साल के रस्किन अभी भी सक्रिय है। यहां गोद लिए परिवार के साथ रहते हैं। वे माल

रोड पर मौजूद कैंब्रिज बुक डिपो पर हर शनिवार दोपहर तीन से चार के बीच अपने चाहने वालों और पाठकों से मिलते हैं। लोग उनके साथ फोटो खिंचवाते हैं। उनके हस्ताक्षर वाली पुस्तकें लेते हैं। मगर उस दिन शनिवार नहीं था। रस्किन से भेंट नहीं हुई। रस्किन से बेहतर मसूरी को कौन जानता होगा। उन्होंने अपने जीवन के पचपन साठ साल यहां गुजारे हैं। एक साक्षात्कार में चिंता जताते हुए वह कहते हैं कि जिनके पास ठीक ठाक पैसा होता है, वे अब मसूरी को हेय नजरों से देखते हैं। वे लोग मसूरी या शिमला आने की बजाय मलेशिया या हांगकांग जाना पसंद करते हैं। लेकिन मेरा सवाल है क्यों? शायद इसका उत्तर पहले और दूसरे पैराग्राफ में है।

मसूरी में माल रोड पर कैंब्रिज बुक डिपो

ऐतिहासिक धरोहरों और पुरानी यादों के नोस्टेल्जिया से बाहर आकर फिर से रस्किन बॉन्ड की चिंता को आगे बढ़ाते हैं। रस्किन बॉन्ड की चिंताओं का आसानी से अंदाजा लगाया जा सकता है कि पिछले कुछ दशकों में हमने हिमालयी सुंदरता के साथ किस तरह पशुवत व्यवहार किया है। और लगातार कर रहे हैं। वक्त अब भी है। हम अब भी हालात को नियंत्रण में ला सकते हैं। बस, मन और मस्तिष्क में से हिमालयी सुंदरता के आर्थिक शोषण के खयाल को हमेशा के लिए निकालना होगा। इनके व्यवसायीकरण में अनुशासन लाना होगा। और हां, यह भी जेहन

में खयाल रखना होगा कि अगर हम ऐसा नहीं कर सके तो यह हिमालयी सुंदरी जब कभी अपने पशुवत व्यवहार पर उतरेगी तो दूर दूर तक मनुष्य और मानवता के चिह्न नजर नहीं आएंगे। इससे पहले कि मसूरी अपना स्वरूप बदले, एक बार जरूर हो आइए।

6

कश्मीरः चिनार ने कहा था

कश्मीर घाटी में चिनार

चिनार जब आपको आमंत्रित करता है तो वह आपको ईरान नहीं बुलाएगा, क्योंकि उसका वंश ईरान से समाप्त हो चुका है। वह आपको कश्मीर की वादियों में आमंत्रित करेगा। सदियों पहले कश्मीर आए

चिनार ने अब यहीं की आबो-हवा में अपना डेरा जमा लिया है। यूं मूल रूप से चिनार ईरान का वाशिंदा था। अपने अस्तित्व की हिफाजत के लिए जिस तरह अन्य सभ्यताओं से लोगों ने हिंदुस्तान में पनाह ली। यहां फले। फूले। और यहां का हिस्सा बने। उसी तरह सैकड़ो मीलों दूर ईरान से आकर चिनार कश्मीर की वादियों का सरताज, साक्षी और शोभा बन गया। उसकी कई पीढियां इन घाटियों की जड़ों में रच-बस गई हैं। वह भी कश्मीरीयत की पहचान बन गया है। प्राकृतिक रूप से देखें तो, वादियों की पहचान अब उसी से है। उसकी विशाल देह। कद काठी। उसके खूबसूरत झरते पत्ते। उसकी लंबी उम्र। उसके झरते पके पत्ते जब घाटी की धरती पर बिछ जाते हैं तो लगता है मानों घाटी अग्नि सिंदूर से नहा ली हो। वर्ष दो हजार अठारह के जून महीने के आखिरी सप्ताह में श्रीमान यश मंगल और उनके परिवार के साथ हमने भी हवाओं में चिनार के संदेशों को अनुभव किया था और एक ढलती शाम को वादी के आकाश का अभिनंदन किया था।

गुलमर्ग के रास्ते बालटाल

सैकड़ों सालों की उम्र लिए चिनार महसूसते हैं घाटी की सांसों को। उसकी कई पीढ़ियों ने कश्मीरियत को महसूस किया है। पंडितों, डोगरों,

सिखों, सूफियों, अब्दुल्लाओं, मुफ्तियों, गिलानियों की सैकड़ों पीढ़ियों के बचपन से लेकर बुढ़ापे का वह गवाह रहा है। दहशत के साये में भी चिनार हवाओं के जरिए दूर-दूर बैठे सैलानियों को संदेश भेजता है "इस दहशतगर्दी से डरने की जरूरत नहीं है, बंदूकों की गोलियां कभी इतनी ताकतवर नहीं होती कि वह इंसानों के जज्बे को छील भर सके। आइए, इन वादियों का आनंद लीजिए, जिनमें तुम्हारे महादेव ने अपनी आध्यात्मिक शक्तियों को निखारा है। और इनमें एक शांति कायम की है। दहशतगर्दी वादी की नियत नहीं है। इसकी नियत शांति और अमन है। अमरनाथ इसकी आत्मा है। महादेव कश्मीर का मूल तत्व है।"

तेरहवीं सदी में कश्मीर में शैव परंपरा को नई ऊंचाइयों पर ले जाने वाली गुरू लल्लेश्वरी या लाल देद की वाखें अभी भी वादियों में गूंजती हैं- *हम ही थे, हम ही होंगे/हम ही ने चिरकाल से दौर किये/सूर्योदय और अस्त का कभी अन्त नहीं होगा/ शिव की उपासना कभी समाप्त नहीं होगी।*

यह सच है कि कश्मीर में शिव की उपासना हजारों वर्षों से हैं। घाटी शिव की तपस्या स्थली महाभारत के काल से भी पहले की है। भारतीय पुरातत्व सर्वेक्षण, राजतरंगिणी, आईए-ए-अकबरी, नीलमत पुराण समेत कई ऐतिहासिक स्रोत भी इसकी पुष्टि करते हैं। मगर शिव की खोज में पंथनिरपेक्षता का तत्व डालने के मकसद से कुछ अलंबरदार इतिहासकारों ने रच दिया कि अमरनाथ की गुफा की खोज कुछ भेड़ चराने वालों ने की। तब से यही इतिहास बार बार पढ़ाया जा रहा है। मानो, असल इतिहास बता दिया, तो कोई मजहबी तनाव हो जाएगा। यूं इतिहास कभी छिपा नहीं रह सकता। वक्त और पुर्वाग्रहों की खुरचन हटाते ही वह खुद ही प्रकट हो जाता है।

पहलगाम में यश मंगल- प्रगति के परिवार के साथ

छठी सदी में मीलों दूर समंदर किनारे केरल से आद्यगुरू शंकराचार्य भी यहां शिव की खोज में ही आए होंगे। शंकराचार्य ने यहां आकर धूनी रमाई थी। डल के किनारे। डल के किनारे से सैकड़ों फीट ऊपर एक रमणीय पहाड़ी पर उनकी वह छोटी सी गुफा अभी भी मौजूद है, जहां वे शिवमय हुए थे। उसके पास ही मौजूद है भव्य और ऐतिहासिक शिवलिंग मंदिर। नीचे से ऊपर तक पूरा परिसर सुरक्षा बलों के आत्मबल से सुरक्षित है। पहाड़ी पर चढ़कर गाड़ी रुकने के बाद लगभग डेढ़-दो सौ सीढ़ियां चढ़कर मंदिर पहुंचते हैं। मंदिर के घंट निनाद की ध्वनी तरंगे सैलानियों के साथ साथ डल के बदन को भी तरंगित करती हैं। यहां से पूरे श्रीनगर और वादी को महसूस कर सकते हैं, जिसे कुछ शायरों ने जन्नत का दर्जा दिया है। घंट निनाद को महसूस कर चिनार के पत्ते शिवोअहं बुदबुदाते हुए मुस्कराते हैं। उसे याद आता है अपना पैतृक घर ईरान यानी ऐतिहासिक पारस। पारस पर अरब, सिकंदर का आक्रमण। अरब आक्रमण के बाद तो जैसे ईरान की संस्कृति ही खत्म हो गई। उस संस्कृति के बचे खुचे अंश ईरान की इस्लामिक क्रांति ने समाप्त कर दिए अपने प्राचीन मंदिर, स्मारक और मूर्तियों को तोड़कर।

चिनार को अफसोस होता होगा कि कोई अपनी संस्कृति को खुद अपने ही हाथों कैसे खुरच खुरच कर खत्म कर सकता है। उसे हंसी आती

होगी कि देखिए फिर भी अरब जगत उन्हें इस्लाम में शामिल करने के लिए तैयार नहीं है। इससे तो अच्छा होता कि अपनी बची खुची संस्कृति को फिर से जिंदा करते। उस पर गर्व करते। जैसे इजराइलियों ने किया। चिनार हिंदुस्तान का ऐहसानमंद है, जिन्होंने उस वक्त जान बचाकर भागकर आए पारसियों को अपने पश्चिमी समंदर किनारे आसरा दिया। पाला-पोसा-बड़ा किया। अब तो चिनार की पीढ़ियों का भी ईरान में कोई अस्तित्व नहीं रहा। अपनी धरती छूटने का दुख तो उसे जरूर होगा मगर वादियों की आवो-हवा उसे रास आ गई है।

डल झील पर तनव चप्पुओं पर हाथ आजमाते हुए

वह आमंत्रित करता है हर साल श्रद्धालुओं को। महादेव की इस पवित्र तपस्थली में। हजारों फीट ऊंचे पर्वतों पर। महादेव ने भी इसी धरा को अपनी तपस्थली के लिए चुना। कोई तो उद्देश्य रहा होगा महादेव का। सैकड़ों हजारों वर्षों से देश के हर हिस्से से श्रद्धालु महादेव की तपस्थली का पवित्र दर्शन करने आते रहे हैं। और चिनार की शाखाएं, पत्ता-पत्ता उनका अभिनंदन करता रहा है, सदियों से। चाहे वह बालटाल का रास्ता हो या फिर पहलगाम का। कितनी खुशकिस्मत है चिनार की पीढ़ियां। सैकड़ों सालों से श्रद्धालुओं को अपने साये में सुस्ताने का

सौभाग्य उन्हें मिलता रहा है।

दिल्ली से हवाई मार्ग से श्रीनगर पहुंचने के बाद मित्र श्री सुनील कौल के सानिध्य से आकाशवाणी परिसर में मौजूद संन्यासी से विशाल चिनार के पेड़ तले कुछ पल रहने का सुख मिला। इससे पहले चिनार को सिर्फ फिल्मों से पहचाना करते थे। वह भी उनके झरते लाल पत्तों में घुले कथित इश्क से, जो फिल्म वालों ने घोल रखा था। फिल्म स्क्रीन को खूबसूरत दिखाने के लिए। खयाल आता है कि इस चिनार ने भी वे भयानक, डरावनी, अलगावग्रस्त और रूह कांपने वाली आवाजें सुनीं होंगी। अब्दुल्ला और वीपी सिंह सरकार के नाक तले। घाटी से कश्मीरीयत तब ही पलायन कर चुकी थी। तब इबादत के स्थलों से स्पीकरों निकली उन भयानक आवाजों ने कश्मीरीयत का गला घोंट डाला था। कश्मीरीयत ने उन्हीं दिनों वहां से रुखसत करना शुरू कर दिया। कश्मीरीयत सियासत के नारों से ज्यादा कुछ नहीं बची है घाटी में।

महान वैज्ञानिक जगदीश चंद्र वसु ने पेड़ों की जीवंतता मापने के लिए अगर चिनारों पर प्रयोग किए होते तो यकीनन, उन्हें अलग तरह के नतीजे प्राप्त होते। अगर उन्होंने चिनारों की धड़कनों पर अपना क्रेस्कोग्राफ लगाया होता, तो उन्हें घाटी के इतिहास की ऊंची-नीची-पथरीली-रपटीली घाटियों के ग्राफ बने नजर आते। घाटियां दिखने में खूबसूरत हैं। इतनी कि किसी भी सैलानी का दिल इन पर आ जाए। अखरोट, बादाम, केसर, धान की खेती किसी भी सैलानी को लुभा सकती है। चिनाब, सिंधु, लीथर जैसी नदियां, जीरो प्वाइंट पर बर्फ में बर्फ के खेलों का आनंद, ऊंची-ऊंची पहाड़ियां, सड़कों के दोनों ओर घने हरे भरे पेड़, धान के खेत, झरने और नदियां घाटी को प्राकृतिक सौंदर्य से संवारती हैं। मगर, इन वादियों में दर्द भी उतना ही गहरा पसरा है। चिनार की टहनियों के पास जुबान होती तो, वे बताती।

थोड़ी सी बातें इधर-उधर की। जून महीने के आखिर में घाटी में पर्यटन उतार पर होता है। इसलिए होटल, रेस्तरां, शिकारा की बहुत मारा मारी नहीं होती। आप आराम से श्रीनगर में इनका लुत्फ ले सकते हैं। 23 जून की शाम को लाल चौक पार करते हुए अपने पूर्व नियोजित होटल में

पहुंचे। डल हमें अपने नजदीक पाकर मचल रही थी, या हम उसे अपने करीब पाकर खुश थे। ये या तो वह जानती है या हम। हां, लाल चौक एकदम सफेद था उस दिन। किसी जिलानी ने कोई कॉल नहीं किया था उस दिन। लोगों का जीवन बड़ी शांति और अमन से गुजर रहा था। देर रात तक दुकानें खुली थी। सड़क पर ट्रैफिक किसी आम महानगर की तरह सरक सरक कर रेंग रहा था। झेलम श्रीनगर के बीचों बीच से गुजरती है। उसके ऊपर बने पुल पर सैंकड़ों वाहन अक्सर निकलने की जद्दोजहद में एक दूसरे से आगे निकलने की कोशिश करते हैं। इस पुल से कई बार गुजरने का मौका मिला और हर बार जाम में अटकना पड़ा।

सोनमर्ग के बागों में रोमांच

पहले दिन मुगलई बगीचों निशात बाग, शालीमार बाग, चश्मेशाही बगीचों के साक्षी हुए। तीनों में एक बात जो सामान्य थी वह यह कि तीनों बगीचों मे घाटियों से निकलते हुए झरने बागों को गुल्ज़ार करते हुए डल में अपना अस्तित्व खो देते हैं। मुगलई अंदाज में बने ये बगीचे मुगलकाल में दिल्ली की तपती मुगालफत और सुलगते आक्रोश से छुटकारा पाने के लिए मुगल बादशाहों की ऐशगाह हुआ करते थे। इन बगीचों में हालांकि दूसरी किस्म के कई पेड़, पौधे और घास लगी है, मगर इन बगीचों की खूबसूरती भी चिनार से है। जैसे घर में बुज़ुर्ग के होने से। अगर चिनार इन बगीचों से हटा दिए जाएं, तो बगीचे विधवा हो जाएंगे। मुग़लो ने भले अपनी अय्याशियों को आरामदेह बनाने के लिए इन बगीचों का निर्माण करवाया हो, मगर फिलहाल बच्चों के लिए ये किसी खुशनुमा पार्क से कम नहीं है। बच्चे इनमें बहने वाले झरनों में अपना बचपन जीते हैं।

जितना रोजगार सरकारों ने यहां के लोगों को नहीं दिया, उससे कई गुना रोजगार श्रीनगर में शांत भाव से पसरी खूबसूरत डल झील ने लोगों को दिया है। शांत झील कितना रोजगार पैदा करती है, और दहाड़ते समंदर दो वक्त की रोटी भी नहीं दे सकते। कितने वर्षों से ये खोखले समंदर वादियों में महज खोखले चिंघाड़ रहे हैं। जिनमें अक्सर सरहद पार के खारे समंदर भी मिल जाते हैं। कभी कभी इनकी आवाज़े दिल्ली दरबार और हैदराबाद हाउस तक सुनाई देती थी। और उनके अभिनंदन में सियासतें बिछ जाया करती थी। लेकिन अब हालात बदल रहे हैं। महादेव करें ये और तेजी से बदले।

हमारे शिकारा के केवट मंज़ूर अहमद से हमने बातचीत शुरू की। उसने बताया कि डल ही उनका घर और आजीविका है। डल ही उनकी ज़िंदगी है। उसने बताया कि उनके घर में पांच साल का बच्चा भी सबसे पहले दोस्ती चप्पुओं से करता है। क्योंकि उनकी ज़िंदगी के ताउम्र दोस्त ये चप्पू ही होते हैं। मंज़ूर अहमद बताते हैं कि सियासत की सारी ताक़त तो कश्मीर में अलगाव के मुद्दे को ज़िंदा रखने में लग जाती है। यहां के नागरिकों को रोजगार और घाटी के विकास के बारे में सोचने की किसको

फुर्सत है। वह कहते हैं कि आम नागरिकों से उनका ज्यादा वास्ता नहीं है। उसने बताया कि उसका ग्रेजुएट बेटा भी डल में ही शिकारा चला कर अपनी ज़िंदगी गुजार रहा है। डल में शहर की एक पूरी अर्थव्यवस्था चलती है। जैसे ही शिकारा झील में सौ डेढ़ सौ मीटर आगे बढ़ता है, मक्का वाला अपनी नाव लेकर आपके शिकारे से सटा देता है। आगे एक फल वाला आता है। एक प्लेट में पेश है-तरबूज, आम, लीची, केला, सेव के कटे टुकड़े। फिर आपकी डल यादों को अमर करने के लिए कुछ कश्मीरी पोशाकों के साथ एक नाव आती है। वह आपके शिकारा में ही आपको उन पोशाकों को पहनाकार आपकी तस्वीर ले लेगा। थोड़ा आगे बढ़ियेगा तो नगीनशीं आपके मन मुताबिक अंगूठी तैयार कर देगा। डल का सफर दिलचस्प और रोमांचक है। सुबह शाम तो मुफ्त में इसके किनारों का आनंद ले सकते हैं।

अगर श्रीनगर बन्द है और आपको शॉपिंग करनी है तो डल आपके लिए बेहतरीन मॉल है। झील के भीतर टापुओं पर हर तरह की दुकान बंद के दौरान भी खुली मिलेगी। यहां आप कश्मीर के शॉल और दूसरी चीजें खरीद सकते हैं। झील के भीतर कई टापू हैं जहां जीवन भरपूर ज़िंदगी के साथ चलता है। यह झील अपने भीतर उगे कई टापुओं को जिंदा रखती हैं।

जून के आखिरी दिनों में अमरनाथ की यात्रा शुरू होने वाली थी। इसलिए हर जगह फौज अनजाने खतरों के बीच श्रद्धालुओं की हिफाज़त के लिए मुस्तैद थी। सोनमर्ग के रास्ते में चढ़ते ही एक बोर्ड आपका स्वागत करता है-फ़ौज आपकी सेवा में- सचमुच कितनी तसल्ली मिलती है इसे देखकर, पढ़कर और अनुभव कर। जवान स्थितप्रज्ञ की तरह अपने हथियारों के साथ मुस्तैद रहते हैं। अगर चलती गाड़ी में उनको सलाम किया तो मुस्कुराते हुए सिर हिला देते हैं। हर डेढ़ सौ दो सौ मीटर की दूरी पर एक या दो जवान तैनात थे। अमरनाथ यात्रा का एक रास्ता बालटाल के रास्ते सोनमर्ग होते हुए जाता है। ये कम दूरी का है, मगर अनंतनाग से थोड़ा मुश्किल है। सोनमर्ग के रास्ते मे सिंधु नदी पूरे उफान से बहती हुई चलती है। इसके किनारे कई रेस्टोरेंट हैं। सोनमर्ग के रास्ते मे ज्यादातर रेस्तरां पंजाब के नाम पर है। खास बात

यह कि सामिष खाने वाले प्रदेश में पूरी तरह शाकाहारी खाने वालों के लिए सोनमर्ग से बेहतर कुछ नहीं है। उत्तर भारतीय, दक्षिण भारतीय, पंजाबी और पहाड़ी से लेकर हर तरह का शाकाहारी भोजन इस रास्ते मे है।

सोनमर्ग से तीस किलोमीटर आगे है जीरो पॉइंट। यानी लाइन ऑफ कंट्रोल से थोड़ा पहले। यहां पहाड़ के जिस्म से चिपकी बर्फ पर सैलानी बर्फ के खेलों का आनंद लेते दिख जाते हैं। इसी बर्फ के निचली तहों से बहता पानी आगे सिंधु नदी में घुलकर पाकिस्तान के रास्ते समंदर में विलीन हो जाता है। पानी भी कितना सफर करता है। जीरो पॉइंट से पहले बालटाल में अमरनाथ यात्रियों ने अपने डेरे जमा लिए थे। उनके रंग बिरंगे टैंटों को पहाड़ों से देखते हैं तो लगता है घाटी किसी दुल्हन सी सजी बैठी है।

पहलगाम यानी बैलगांव अनंतनाग जिले का हिस्सा है। अमरनाथ यात्रा का यह मुख्य रास्ता है। यह रास्ता आगरा-बीकानेर राजमार्ग जैसा आरामदेह है। एकदम सपाट और चौड़ी सड़क। आधारभूत ढांचे के स्तर पर हुए काम का यह बेहतरीन प्रतीक है। अनंतनाग श्रीनगर से लगभग 60-65 किलोमीटर दूर है। इसी रास्ते से जम्मू का रास्ता निकलता है। वैसे अमरनाथ यात्रा के लिहाज से देखें तो यह ऐतिहासिक और पौराणिक महत्व का रास्ता है, जहां से पांच हजार वर्ष पहले पांडवों ने महाप्रयाण किया था। इसी से शोपियां का भी रास्ता निकलता है। अलगाव की चिंगारियां इस इलाके में ज्यादा सुलगाई जाती हैं। इसलिए सेना के जवान और स्थानीय पुलिस के जवान हर सौ मीटर पर मौजूद दिखाई देते है। इन जवानों पर हर वक्त किसी अनजाने खतरे का साया रहता है। मगर मौत को ये अपनी मुट्ठी में रखते है। सैलानियों को सेना के जवान सुरक्षा कारणों से बायपास रास्तों से नहीं जाने देते। हमारे साथ हमारे मित्र और आकाशवाणी कश्मीर में समाचार संपादक सुनील कौल थे। उन्होंने कश्मीरी में उनसे बात की, मगर जब उन्होंने हमारे चेहरे देखे तो बाईपास रास्ते से जाने से एकदम मना कर दिया। इस रास्ते के दोनों और अखरोट के पेड़ और लीथर नाला साथ साथ चलते हैं। लीथर नाले का पानी बिलकुल ठंडा और गलाने वाला था।

पहलगाम की यात्रा के दौरान बीच में पड़ता है पंपोर इलाका। यह दक्षिण कश्मीर के आतंक सक्रिय जिला पुलवामा का हिस्सा है। पुलवामा जिला केसर की खेती के लिए चर्चित है। कश्मीर में सबसे ज्यादा केसर पुलवामा के पंपोर क्षेत्र में पैदा होती है। और दुर्भाग्य से पंपोर की धरती में अलगाव और आतंक की फसल भी खूब होती है। कैसा विरोधाभास है। पूरी घाटी में आम लोगों में सियासी पार्टियां केसरिया के प्रति दुर्भावना भरने में कोई कसर नहीं छोड़ती। घाटी में सियासी दलों और अलगाववादी संगठनों को सबसे ज्यादा खौफ या नफरत केसरिया रंग से है। इतना फोकस अगर केसर पर किया होता तो इस इलाके की आर्थिक हालात और भी ज्यादा मजबूत होती। छोड़िए ये सियासत की बातें। आगे बढ़ते हैं।

कश्मीर में आपने कहवा नहीं पिया, तो समझिए आपसे कुछ न कुछ छूट गया। स्थानीय कहवा तरोताजा करने के लिए काफी है। पहलगाम से लौटते वक्त सूखे मेवों की एक दुकान पर कुछ सूखे मेवे खरीदने के बाद दुकानवाले अब्दुल डार ने हम सभी को कहवा आफर किया। हम सभी ने पहली बार कहवा चखा था। मुझे यह बहुत पसंद आया। स्थानीय चाय और सूखे मेवे मिश्रित कहवा एक अलग तरह का बेहतर स्वाद जुबाँ पर चिपका देता है। यूं तो कश्मीर में वाजवान यानी बकरे के गोश्त से बना खास व्यंजन यहां की खासियत है, मगर निरामिष आहार का संस्कार उस ओर जाने से रोकता था।

पहलगाम के रास्ते में मट्टन से आगे निकलने पर रास्ते में उजड़ से खड़े कश्मीरी पंडितों के घर, जो अब भी खौफ, नफरत, अलगाव के इतिहास को समेटे है, मन को झिंझोड़कर रख देते हैं। सड़क किनारे अभी भी बेखौफ खड़े विशाल घरों के खोखले पिंजर, टूटी खिड़कियां और दरवाजे, आंगनों में उग आए जंगली पौधों में कश्मीरी हिंदुओं की यादें लहरा रही थीं। कितने मट्टू, कौल, सप्रुओं की यादें इन टूटी खिड़कियों और दरवाजों से चिपकी हुई थीं। दुर्भाग्य से जिस पीढ़ी की इन घरों में पैदाइश हुई, उन्हें इनमें मरना तक नसीब नहीं हुआ। नई पीढ़ी जो दिल्ली, जम्मू और दूसरी जगहों पर जन्मी, पली और बढ़ी हुई है, वक्त की धार के साथ-साथ उनका भावनात्मक लगाव इन टूटे घरों से कितना

रह गया है कहना मुश्किल है। मगर, दिल्ली और श्रीनगर की सियासत के चेहरों पर ये बिखरे घर कई बदनुमा दाग छोड़ देते हैं।

कश्मीर घाटी में हिंदुओं के सूने और जर्जर घर

हिंदुओं के घरों में खिले फूल आशा की किरणें...

हमारे साथ, हमारे मार्गदर्शक के रूप में चल रहे कौल के परिवार को भी नब्बे के दशक में घाटी में अपने विशाल घर को छोड़कर जम्मू का रुख करना पड़ा। तब वह किशोर उम्र के थे। उन्हें वो मंजर हूबहू याद था। मगर मैंने उन्हें कुरेदा नहीं। उन जख्मों को कुरेदने से बेहतर है उनकी साफ सफाई कर उनमे मलहम भरा जाए। अपने ही घर के आंगन में टैंट लगाकर रहना किसी भी सभ्य समाज के माथे पर कलंक है। विकसित लोकतंत्र में यह अस्वीकार्य है। कुछ आवाजें उठ रही हैं। मगर एक बात तय है बिना शक्ति भक्ति संभव नहीं है। हिंदुओं को सिर्फ सियासत के बल पर ही नहीं, बल्कि अपने भुजबल और आत्मबल से अपने खोये अतीत को हासिल करना होगा। बिल्कुल इजराइल के यहूदियों की तरह। बिना ज़मीन के अस्तित्व के भी यहूदियो ने दो हज़ार साल तक अपने भीतर बिना जमीन और आसमान वाले राष्ट्र को ज़िंदा रखा था। जब भी मिलते तो कहते अगली बार यरुसलम मिलेंगे। क्या कश्मीरी हिंदु भी श्रीनगर में मिलने, आशियाना संवारने और शक्ति का नया केंद्र बनाने के वादे के साथ मिलने का संकल्प करेंगे। संभव है आने वाले दिनों में उनके उजड़े घरों में फिर से गृह प्रवेश की शहनाई बजे। चार दिन बाद एक अलसाई सुबह में भीगी वादियों को छोड़ हम वापस लौट आए। लौटते-लौटते भीगते चिनारों ने हमसे वापस आने का वादा लिया। उसके मौन शब्दों ने कहा, देखिएगा, जल्द ही घाटी में गृहप्रवेश की शहनाइयां गूंजेगी। तुम फिर लौटकर आना सैलानी।

उम्मीद है कश्मीर की अगली यात्रा किसी कश्मीरी मित्र के गृह प्रवेश के निमंत्रण पर होगी।

7

जोगबनीः दो मुल्कों का संगम

जोगबनी स्टेशन

भारत के साथ नेपाल की लंबी सीमा पर बिहार के उत्तर-पूर्व में फैला पसरा है महान कथाकार फणीश्वरनाथ रेणु का मैला आंचल। पुर्णिया, अररिया, फॉरबिसगंज। नेपाल की सीमा से एकदम सटे हुए। इन्ही में से अररिया जिले का छोटा सा कस्बा है जोगबनी। वर्ष दो हजार पंद्रह के

सितंबर महीने में हम भी इस महान धरती से परिचित हुए। यह महान कथाकार फणीश्वरनाथ रेणु के मैले आंचल का बड़ा हिस्सा है। जोगबनी के उस पार है नेपाल के विराट नगर जिले का एक और कस्बा। दोनों कस्बों में कोई फर्क है तो इतना कि एक कस्बे को पार कर दूसरे में जाते हैं तो बीच में भारत और नेपाल की छोटी-छोटी चौकियों पर कुछेक सुरक्षा प्रहरी तैनात हैं। दोनों कस्बों को एक मानस विहीन भूमि यानी नो मैन्स लैंड नुमा एक पगडंडी बांटती हैं। लेकिन बंटा हुआ, जैसा यहां कुछ भी नहीं हैं। सब कुछ साझा है। गरीबी और अभाव में दर्द बांटने का सांझापन। रेडियो पर बज रहे मैथिली, भोजपुरी, नेपाली और हिंदी गीतों को सुनने का साझापन। जीवन गुजारने के लिए दो वक्त की रोटी के संघर्ष का साझापन। सियासत वहां भी लोकतंत्र के ताने बाने को बुनने में जुटी है। इधर भी जाति, संप्रदाय और क्षेत्र के आधार पर सियासत जारी है। थोड़े दिनों बाद इधर लोग अपना नया मनसबदार चुनेंगे। हां, दोनों के बीच लोकतंत्र में विश्वास का साझापन भी है।

जोगबनी की मुख्य पतली सड़क पर नेपाल और भारत के बीच व्यापार के लिए आने जाने वाले ट्रकों का लंबा रैला लगातार चलता रहता है। भारत और नेपाल के बीच सड़क के रास्ते सबसे ज्यादा व्यापार इसी रास्ते से होता है। इसी सड़क से नीचे उतरकर जोगबनी की पतली गलियों में होकर भी नेपाल जाने के कई रास्ते हैं। ये मुख्य रास्ते से अलग है। वैसे, दोनों देशों को जोड़ने वाले मुख्य रास्ते पर बाकायदा एक विशाल भव्य द्वार है, जो दोनों ओर के लोगों का अभिवादन करता है। इस द्वार का नामकरण मशहूर समाजवादी नेता जयप्रकाश नारायण के नाम पर किया गया है। इस विशाल द्वार से होकर ही जरूरत का सभी सामान भारत से नेपाल और नेपाल से भारत आता-जाता है।

भारत-नेपाल सीमा पर प्रवेश द्वार

दोनों देशों की कच्ची सीमा में कई मुकम्मल जगहों पर रेणु की कहानी 'मारे गए गुलफाम' पर बनी शैलेंद्र की फिल्म 'तीसरी कसम' के हीरामन अब भी दिख जाते है। लेकिन अब उनका चरित्र बदल गया है। बैलगाड़ियों की जगह मोटरसाइकलों और आधुनिक साधनों ने ली हैं। ये बहुत तेज भी हो गये हैं। अब वे कोई कसम भी नहीं खाते। तीसरी कसम तो बिलकुल नहीं। क्योंकि इधर पड़ौसी मुल्क में महीनों पहले हुए कुदरत के कहर के बाद हजारों परिवार बेघर होकर सड़क पर आ गए और उनकी दो जून की रोटी का सहारा छिन गया। उन घरों की युवतियां हीरा बाइयां बन भारत के रास्ते दक्षिण पूर्वी और खाड़ी मुल्कों में बिकने के लिए मजबूर थीं। सीमा पर दोनों ही देशों के नए जमाने के हीरामन अब एजेंट बन चुके हैं। इसी नए काम के। कानून की भाषा में जिसे मानव तस्करी कहते हैं। बाकायदा, एक मजबूत तंत्र इसके लिए पूरी सीमा रेखा पर विकसित हो चुका है। हाल में दिल्ली में सउदी अरब के राजनयिक के घर मिली दो पीड़ित नेपाली महिलाएं मजबूरी में इन्ही हीरामनों में

से किसी के हत्थे चढ़ी होंगी और बाजारों में बिकने के लिए छोड़ दी गई होंगी। भारत-नेपाल अंतरराष्ट्रीय सीमा पर मानव तस्करी पिछले कई वर्षों से हो रहा संगठित अपराध है। इसे रोकने के लिए दोनों सरकारें लगातार प्रयास भी कर रही हैं।

चलिए, फिर लौटते हैं अंतरराष्ट्रीय सीमा पर बने प्रवेश द्वार पर। इस विशाल दरवाजे के दोनों ओर भारत और नेपाल के सीमा शुल्क विभागों के कार्यालय हैं। भारतीय सीमा में तो एक आव्रजन यानी इमिग्रेशन चौकी भी है। लेकिन इस चौकी का साल में एक-दो बार ही काम पड़ता होगा। कभी कभार ही कोई तीसरे देश का नागरिक भूले भटके इस रास्ते से नेपाल या भारत में प्रवेश करता है। तब चौकी में मौजूद कर्मचारियों को कोई काम मिल पाता है। द्वार के पास ही नो मैन्स लैंड है। लेकिन यहां सुपरमैन हनुमान का मंदिर है। इसी मंदिर के बाहर एक लकड़ी की पुरानी टेबल और कुर्सी पर नेपाली रूपए को भारतीय मुद्रा में और भारतीय रूपए को नेपाली मुद्रा में बदलने वाले शख्स मौजूद रहते हैं। जितनी मुद्रा बदलवानी हो, बदलवा सकते हैं। दस भारतीय रूपए के बदले लगभग सोलह रूपए की नेपाली मुद्रा।

जोगबनी का बाजार

सीमा के उस पार ज्यादातर नेपाली लोग अपनी जरूरत की चीजों की खरीदारी करने जोगबनी के बाजारों में देखे जा सकते हैं। जोगबनी के

बाजारों में बड़ी संख्या में नेपाल के पंजीकृत वाहनों की भीड़ दिखाई देती है। हालांकि सीमा के उस पार, पास ही, लगभग पांच-सात किलोमीटर की दूरी पर विराटनगर है। यह नेपाल का काठमांडु के बाद दूसरा बड़ा औद्योगिक शहर हैं। यहां हर जरूरत और भव्यता का सामान उपलब्ध हैं। इसके बावजूद जोगबनी के कपड़ों, लत्तों, और किराने की दुकानों पर नेपाली नागरिक बहुतायत में खरीदारी करते दिख जाते हैं।

बात चल रही थी पतले संकड़ें रास्तों से नेपाल आने जाने की। मैंने नेपाल तक पैदल घूमने के लिए इन्हीं रास्तों पर चहल-कदमी की। इन रास्तों पर मिर्च, मसाले, मछली, मुर्गा, आटा, दाल के बाजारों को पार कर आगे नब्बे डिग्री को कोण पर नो मैन्स लैंड आता है। यह रास्ता यहां से मुख्य द्वार तक और फिर वहां से आगे तक जाता है। यहां दो भारतीय जवान तैनात है। पास ही मछली और मुर्गा बेचने वालों की कई थड़ियां है। नो मैन्स लैंड को पार कर अपने दायी ओर घूमते ही नेपाल की सीमा में कच्ची सड़क पर कई दुकानें हैं। इन दुकानों पर ज्यादातर जोगबनी के लोग काम करते हैं। दुकानों पर भारतीय और नेपाली दोनों देशों के मोबाइल को रिचार्ज करने की सुविधा है। यहां लोगों के पास भारत और नेपाल दोनों के मोबाइल नंबर हैं।

यहां से महज ढाई तीन कोस दूर फॉरबिसगंज में जन्मे महान कथाकार फणीश्वरनाथ रेणु ने इस पूरे आंचल को देखकर ही छह दशक पहले अपने उपन्यास 'मैला आंचल' को रचा था। तब शायद ही उन्होंने सोचा होगा कि उनकी इस रचना के साठ साल बाद भी उनका आंचल मैला ही रहेगा। रेणु का यह आंचल अभी तक भूख, धूल, कीचड़ और अंधविश्वास से सना है। अभाव, भूखमरी, राजनीतिक पाखंड से लगातार जूझ रहा है। सामाजिक जीवन की बेहतरी के लिए कोई खास रोशनी नजर नहीं आती। न राजनैतिक स्तर पर न ही सामाजिक स्तर पर। रेलगाड़ियां भी यहां आकर यूं टर्न लेकर वापस फॉरबिसगंज होती हुई पटना चली जाती हैं। यह नेपाल सीमा पर बिहार का आखिरी स्टेशन है। हर रोज करोड़ों का माल लेकर रेलगाड़ियां यहां आती हैं और यहीं से वापस लौट जाती हैं। लेकिन इस कस्बे की हालत जस की तस बनी रहती हैं।

यही हाल सीमा रेखा से उस पार का है। सीमा रेखा के उस पार के कस्बे में सड़क के किनारे घर से बाहर बैठे सोहनलाल साहू से भेंट हुई। जीवन के साढ़े छह दशक पूरे कर चुके साहू बातचीत में कहते हैं कि हर जरूरत के सामान के लिए जोगबनी का ही रुख करना पड़ता है। इधर नेपाल में खरीदारी के लिए आसपास कोई बाजार नहीं है। टेलीविजन के साथ रेडियो सीमा के दोनों किनारों पर लोगों के मनोरंजन के प्रमुख साधन हैं। नेपाल के धारान रेडियो स्टेशन से सुबह शाम मैथिली, भोजपुरी, नेपाली और हिंदी में प्रसारित होने वाले भजन और गीत लोगों का साझा रूप से मन बहलाते हैं। यूं भी तंगहाली से जूझ रहे व्यक्ति के पास मन बहलाने के अलावा और कोई चारा भी तो नहीं है।

8

धर्मक्षेत्रे कुरुक्षेत्रे

धर्मक्षेत्र कुरुक्षेत्र में आज से लगभग इक्यावन सौ पचास वर्ष पहले जब ऐतिहासिक महाभारत का समर हुआ होगा, उस समय यहां से दक्षिण-पूर्व में लगभग डेढ़ सौ किलोमीटर हस्तिनापुर में संजय ने अपनी दिव्य दृष्टि से धृतराष्ट्र को इस पुण्यभूमि का जो दृश्य बताया हो गया, उसे सिर्फ यहां आकर ही अनुभव किया जा सकता है। पांच हजार साल का कालखंड बहुत लंबा होता है। इस दौरान कितने ही राजों-महाराजों ने कुरुक्षेत्र को संरक्षित रखा होगा। उसकी पुण्यता को संभाल कर रखा होगा। यहां के सरोवरों को बांधकर रखा होगा। लेकिन समय के साथ हर तत्व का क्षरण होता है। कुरुक्षेत्र भी उससे अछूता नहीं रहा। मुगलकाल में इसे बुरी तरह नष्ट किया गया। लेकिन सनातन संस्कृति का नाम ही सनातन इसलिए है कि वह हर प्रतिकूल परिस्थितियों में भी अपनी शेष बची राख से एक जिंदा महल खड़ा कर लेती है। और उसके लिए हर कालखंड में किसी न किसी रूप में कोई किरदार मिल ही जाता है।

ज्योतिसर

कुरुक्षेत्र की यात्रा के बिना हरि की भूमि हरियाणा की यात्रा अधूरी मानी जाती है। वैसे तो हरियाणा राज्य पूरा ही एक पुण्यभूमि है, जिसमें पग-पग पर धरती के नीचे परत-दर-परत हजारों साल पुरानी सनातन संस्कृति के विभिन्न स्वरूप दबे-छिपे हैं, जो पुरातत्वविदों के प्रयासों से जीवंत होते रहते हैं। वैज्ञानिक अपने शोध के माध्यम से दावा करते हैं कि हरियाणा की धरती के नीचे वेदकालीन सरस्वती अभी तक बहती है। इसके लिए हरियाणा में एक बोर्ड भी गठित है। सभ्यताओं के अंश यहां फैले पसरे हैं। लेकिन कुरुक्षेत्र का स्वरूप कुछ अलग ही है। साल दो हजार इक्कसी में दिसंबर महीने में एक लंबी यात्रा पर हरियाणा के हिसार में

जाने का अवसर मिला। यह हरियाणा की पहली ही यात्रा थी। कुरुक्षेत्र के बिना यह यात्रा अधूरी थी। हिसार से बस के माध्यम से तीन घंटे की यात्रा कर कुरुक्षेत्र पहुंच गया। कुरुक्षेत्र में रहने वाले यायावर, पहाड़प्रेमी और पत्रकार मित्र डॉ. कृष्ण कुमार ने कुरुक्षेत्र से परिचय करवाया। कुरुक्षेत्र दिल्ली से भी सीधा जुड़ा है। गीता जयंती के अवसर पर देश और दुनियाभर के लाखों लोग यहां आयोजित कार्यक्रम में शामिल होने के लिए आते हैं। रात को कैनाल के राजकीय आवास में विश्राम करने के बाद सुबह कुरुक्षेत्र दर्शन की योजना बनी। हरियाणा में सुबह के नाश्ते में मिलने वाला परांठा दोपहर दो बजे तक की उदरपूर्ति कर देता है। दोपहर तक बिना थके और बिना भोजन की चिंता किए शहर घूमा जा सकता है।

सुबह सबसे पहले उस स्थान को जानने की बहुत उत्सुकता थी, जहां योगेश्वर कृष्ण ने महारथी अर्जुन के माध्यम से पूरे संसार को अपना अद्भुत खजाना श्रीमदभगवत गीता दिया था। यह स्थान ज्योतिसर कहलाता है। इसी पुण्यभूमि पर जन्मी गीता रूपी ज्योति से आज पूरा भारत और संसार जगमगा रहा है। कहा जाता है कि महाभारत युद्ध का केंद्र बिंदु ज्योतिसर ही था। यही पर एक हजारों साल पुराने बरगद की संतती का वृक्ष हैं, जिसके वंश को कृष्ण-अर्जुन के पुण्यशाली संवाद का साक्षी माना जाता है। योगेश्वर कृष्ण के भक्त और श्रीमदभगवत गीता का अनुसरण करने वालों के लिए यह किसी रोमांचक स्थल से कम नहीं है। इस स्थान पर महाभारतकालीन कृष्ण-अर्जुन संवाद के दृश्य की सिर्फ कल्पना कर रोमांचित हुआ जा सकता है। यहां मौजूद सरोवर में पवित्र स्नान के लिए देशभर से श्रद्धालु आते हैं।

ज्योतिसर में मौजूद ऐतिहासिक वट वृक्ष

ऐसा कहा जाता है कि छठी सदी में अपने महान पुरुषार्थ से पूरे भारत को एक सूत्र में पिरोने वाले महापुरुष आदि शंकरचार्य ने हिमालय जाते समय इस स्थान की पहचान की थी। वर्ष 1850 में कश्मीर के राजा ने इस तीर्थ क्षेत्र में शिव मंदिर बनवाया था। फिर वर्ष 1924 में दरभंगा के राजा ने इसी पवित्र बरगद के पेड़ के चारों ओर पत्थर का एक चबूतरा बनवाया, जो अभी तक मौजूद है। 1967 में कांची कामकोटी पीठ के शंकरचार्य ने इसी चबूतरे के ऊपर गीतोपदेश के रथ को स्थापित करवाया और चबूतरे के नीचे शंकराचार्य जी का मंदिर बनवाया था। श्रद्धालुओं को यहां बरगद के पवित्र वृक्ष के नीचे अपने आराध्य को याद करते हुए और भाव विह्वल होते हुए देखा जा सकता है। कुछ कृष्णभक्त उस बरगद की जड़ों को माथे से लगाकर अपनी आस्था के पुष्प अप आराध्य श्रीकृष्ण तक पहुंचा रहे थे। अनेक यात्री यहां मौजूद सरोवर में परिवार सहित पूजा अर्चना कर रहे थे। वैसे सूर्य ग्रहण के समय यह पैर रखने को जगह नहीं मिलती है।

ज्योतिसर में ही योगेश्वर कृष्ण ने अर्जुन को अपने विराट स्वरूप का साक्षात करवाया था। उसी विराट स्वरूप की स्मृति में ज्योतिसर में बरगद के वृक्ष से कुछ कदमों की दूरी पर अष्ट धातु से बना योगेश्वर

कृष्ण का भव्य विराट स्वरूप स्थापित किया गया है। प्रतिमाओं की स्थापना का अपना महत्व है। यहां के स्थानीय सांसद रहे और कार्यवाहक प्रधानमंत्री रहे गुलजारी नंदा का कुरुक्षेत्र को वर्तमान स्वरूप तक लाने में बहुत बड़ा योगदान है। डॉ. कृष्णकुमार गुलजारीलाल नंदा के योगदान की चर्चा करते हुए कहते हैं कि यह उनकी ही दृष्टि थी जिसकी वजह से कुरुक्षेत्र वर्तमान स्वरूप में है। वर्ष 1975 में कुरुक्षेत्र में हुए मानव धर्म परिषद के सम्मेलन में भेजे अपने एक नोट में उन्होंने ऐतिहासिक महत्व की मूर्तियों, प्राचीन स्थापत्य की एंटीक चीजों को चोरी-छिपे दूसरे देशों में बेचने पर चिंता जताते हुए कहा था कि अगर हमने अपनी प्राचीन धरोहरों पर ध्यान नहीं दिया तो हमारे पास हमारी हजारों साल पुरानी सभ्यता से जुड़ी चीजों पर दावा करने के लिए कुछ भी नहीं बचेगा। कुछ लोग भव्य प्रतिमाओं के निर्माण को बेतुके आधार पर विकास की शर्त पर निर्माण से जोड़ते हैं। वह भूल जाते हैं कि ये प्रतिमाएं मात्र मूर्ति नहीं है, अपितु किसी भी समृद्ध राष्ट्र की अस्मिता के प्रतीक चिहन हैं।

ज्योतिसर

बहरहाल, ज्योतिसर से कुछ ही मील की दूरी पर मौजूद है ब्रह्म सरोवर। इसे ब्रह्मांड के निर्माता भगवान ब्रह्मा से जुड़ा हुआ माना जाता है। सूर्य ग्रहण के समय इस सरोवर में पवित्र डुबकी के लिए देशभर से लाखों की संख्या में यात्री आते हैं। माना जाता है कि इस सरोवर की खुदाई कौरव और पांडवों के पूर्वज राजा कुरु ने की थी। आधुनिक स्वरूप देते हुए इस सरोवर के चारों ओर आठ सौ ज्यादा दुकानें भी बनाई गई हैं। गीता जयंती के अवसर पर इस स्थान की भव्यता अनूठी होती है। गीता जयंती पर कुरुक्षेत्र का भव्य और दिव्य स्वरूप निखर कर आता है। कई दिनों तक चलने वाला यह कार्यक्रम भगवान कृष्ण का ही प्रकटीकरण होता है। भारत में चारों धाम की यात्रा करने वाली यात्री कुरुक्षेत्र अवश्य आते हैं। योगेश्वर कृष्ण के भक्तों के लिए तो कुरुक्षेत्र एक पवित्र स्थान है। स्थानीय प्रशासन और सरकार ने भी कुरुक्षेत्र के भव्य और दिव्य स्वरूप को संजोने में काफी प्रयास किए हैं। ब्रह्म सरोवर के जल को नहर के पानी से जोड़कर चलायमान किया है, जिससे सरोवर का पानी हमेशा साफ-स्वच्छ बना रहता है। इस सरोवर के सामने ही धातु से बने रथ पर विराजमान कृष्ण-अर्जुन की विराट प्रतिमा महाभारत कालीन युद्ध का स्मरण करवा देती है।

सरोवर के पास ही एक द्रोपदी कूप मौजूद है। माना जाता है कि दुशासन के लहू की छाती से बाल धोने का संकल्प लिए द्रोपदी ने महाभारत युद्ध के बाद इसी कूप पर अपने केश धोए थे। कूप के चारों ओर पुरातनकालीन ईंटों का घेरा है। इन्हें देखकर ऐसा लगता है कि इसके संरक्षण का प्रयास किया गया होगा, लेकिन मुगलकालीन आक्रमण और समय की मार ने इसे ध्वस्त कर दिया होगा। लेकिन ऐसे स्थानों का महत्व उनकी प्राचीनता और उसके इतिहास से होता है। इसी कुएं के पास शिवजी का सर्वेश्वर महादेव मंदिर है, जिसके बारे में कहा जाता है कि भगवान ब्रह्मा ने इसकी स्थापना की थी।

डॉ. कृष्ण कुमार के साथ

कुरुक्षेत्र पूरी तरह योगेश्वर श्रीकृष्ण को समर्पित है। यहां के रास्ते, बगीचे, नगर और संग्रहालय श्रीकृष्ण को समर्पित हैं। ऐसा ही एक संग्रहालय कुरुक्षेत्र में है- श्रीकृष्ण संग्रहालय। इस संग्रहालय में देशभर के अलग अलग राज्यों से श्रीकृष्ण की हजारों साल पुरानी मूर्तियां, चित्र, पांडुलिपियां, लीलाओं के विभिन्न स्वरूप और कई प्राचीन अवशेषों को व्यवस्थित तरीके से प्रदर्शित किया गया है। मिट्टी, लकड़ी, हांथी दात, टेराकोटा से लेकर तमाम तरह की धातुओं पर बनी श्रीकृष्ण की चिताकर्षक मूर्तियां और चित्र इस संग्रहालय में मौजूद है। इसके साथ श्रीकृष्ण जन्म से लेकर महाभारत और श्रीकृष्ण की मृत्यु तक के चित्रों की एक सुंदर अलग से तीन मंजिला गैलरी है। संग्रहालय के क्यूरेटर राजेंद्र राणा संग्रहालय के लिए पूरी तरह समर्पित हैं। संग्रहालय दर्शन के साथ-साथ राजेंद्र राणा के इतिहास, वर्तमान और पुरातत्त्व को लेकर दिलचस्प ज्ञान ने इस यात्रा को और भी रोमांचकारी बना दिया। उन्होंने अहाते में गरमा गरम सूप के साथ कुरुक्षेत्र पर लिखी एक टेबल बुक भी हमें भेंट की। यह टेबल बुक कुरुक्षेत्र की स्मृतियों को संजोती रहेगी।

संग्रहालय के क्यूरेटर राजेंद्र राणा के साथ

9

माउंट आबू: देव भूमि

आबू रोड स्टेशन

राजस्थान में आने वाले देशी और विदेशी पर्यटक इस मरू प्रदेश के बारे में आमतौर पर किस तरह की छवि अपने मन में लेकर आते होंगे। रेत के धोरे, हौले हौले चलते ऊंट, दूर दूर से पानी लाती रंग बिरंगे परिधानों में सजी औरतें, सूखे खाली खेत, खेतों में चरते पशु, आग उगलता सूरज, रेत की आंधियां और बवंडर, बबूल और खेजड़ी के पेड़। शायद कुछ ऐसा ही। यह सच भी है, मगर आधा सच। शायद इसलिए कि स्थानीय प्रशासन ने भी आम तौर पर राजस्थान को देश दुनिया के सामने इसी तरह प्रस्तुत किया है।

लेकिन राज्य के सुदूर दक्षिण में सिरोही, बांसवाड़ा, डूंगरपुर की यात्रा की योजना बनाई जाएं, तो एक दूसरा ही राजस्थान दिखाई देगा। कहते हैं न, न जाने क्या दिख जाए। ऐसा राजस्थान जिसमें तमिलनाडु के घने जंगल हैं, सिक्किम की सी मनोरम घाटियां हैं, उत्तराखंड की झीलों जैसी खूबसूरत झीलें हैं और हिमालय जैसा ट्रेकिंग का रोमांच भी है। दरअसल यही हमारे देश की भी विशेषता है। राज्य के हर हिस्से का मौसम के अनुसार अपना आनंद है। इसीलिए तो प्रधानमंत्री विदेश घूमने को आतुर लोगों से कहते हैं कि विदेश जाने से पहले हिंदुस्तान के कम से कम चार जगह घूम लो।

गुरु शिखर का दृश्य

इस बार राजस्थान के सुदूर दक्षिण में सिरोही जिले के माउंट आबू की यात्रा की योजना बनाई। माउंट आबू खूबसूरत और साफ सुथरा, रमणीय और आध्यात्म पर्वतीय पर्यटन स्थल है। भारतीयों के लिए यह सिर्फ पर्वतीय पर्यटन स्थल भर नहीं है। इसका संबंध आस्था, विश्वास, ध्यान, योग, समाधि, ऋषि परंपरा, इतिहास, राजपूत उत्पत्ति, विवेकानंद, गुरु वशिष्ट, गुरू दत्तात्रेय और वन्य जीवों के संरक्षण से भी है।

कई महीनों की योजना के बाद आखिरकार हम परिवार सहित वर्ष दो हजार उन्नीस के सितंबर महीने के आखिरी सप्ताह में माउंट आबू पहुंच गए। राजधानी एक्सप्रेस ने हमें रात बारह बजे जयपुर जंक्शन से

लिया और सुबह लगभग छह बजे आबू रोड स्टेशन छोड़ दिया। वहां से ब्रह्मकुमारी आश्रम। आबू रोड में मौजूद प्रजापिता ब्रह्मकुमारी ईश्वरीय विश्वविद्यालय का बड़ा, व्यवस्थित, और सुंदर आश्रम है, जिसे शांति वन कहा जाता है। यह चारों ओर से सुंदर, हरी-भरी पहाड़ियों से घिरा हुआ है। फिर आगे की यात्रा। माउंट आबू तक पहुंचने के लिए पहले इसकी तलहटी में बसे आबु रोड तक पहुंचना होगा। तलहटी से ही माउंट आबू की खूबसूरती शुरू हो जाती है। यह जयपुर और दिल्ली दोनों ही स्थानों से सीधा रेल मार्ग से जुड़ा है।

आम तौर पर लोग गर्मियों के मौसम में यहां पहुंचते हैं, लेकिन यहां के मौसम का असली आनंद लेने के लिए गर्मियां समाप्त होने का इंतजार करना चाहिए। हल्की बारिश, बादलों की आवाजाही, दूधिया कुहरा और ठंडी हवाएं ठिठुरन पैदा करती है। आबू रोड से माउंट आबू तक की लगभग अठारह किलोमीटर का सड़क मार्ग वन्य जीव अभ्यारण्य में होकर गुजरता है। कई बार जंगली जानवर सड़क पार करते दिख जाते हैं।

इस वन्य जीव अभ्यारण्य का दृश्यावलोकन करने के लिए माउंट आबू तक पहुंचने के लिए रात मत होने दीजिए। इसका आनंद दिन में है। रात में यहां कुछ भी नहीं दिखता और ऊपर से अंधेरे में गाड़ी चलाने के खतरे अलग हैं। अगर उसी वक्त कोहरा हो गया तो खतरा दोगुना हो जाता है। हम घंटे भर के सफर के बाद माउंट आबू नगर पालिका क्षेत्र पहुंचे। गाड़ी के प्रवेश के लिए पालिका की ओर से दो सौ रुपए की रसीद कटती है, जो किसी भी हाइवे टोल से बहुत ज्यादा लगती है। लेकिन माउंट आबू से वापस लौटते वक्त यह वसूला हुआ धन अखरता नहीं है।

नक्की झील वॉक वे

ठहरने के लिए हमने ब्रह्मकुमारी आश्रम के पांडव भवन में डेरा जमाया। कहा जाता है कि ब्रह्मकुमारी का माउंट आबू स्थित आश्रम दुनिया का सबसे शांत तरंगों वाला स्थान हैं। वैसे भी अरावली की सबसे ऊंची अर्बुदाचल की पहाड़ियों में बसा माउंट आबू ऋषियों और मुनियों की तपस्या स्थली रहा है। यह मान्यता है कि यह क्षेत्र तैंतीस कोटी देवताओं की भूमि रहा है। इसे हिमालय के पुत्र के रूप में भी मान्यता है। पौराणिक आख्यानों की बात करें तो कहा जाता है कि इसका नाम अरबूद नामक विशाल नाग के नाम पर पड़ा जिसने भगवान शिव की सवारी नंदी को बचाया था। भारत भ्रमण के समय स्वामी विवेकानंद माउंट आबू भी पहुंचे थे। उन्होंने यहां कई सप्ताह तक ध्यान किया था। ऐसे में दुनिया के शांत स्थल होने के दावे में भरपूर सच्चाई लगती है।

नक्की झील माउंट आबू का प्रमुख आकर्षण है। यह हमारे आवास पांडव भवन से टहलने की दूरी पर मौजूद थी। नक्की झील का पौराणिक

आख्यान कई बातों को समेटे हुए हैं। नक्की, नख शब्द से बना है, जिसका अर्थ है नाखून। लोक मान्यता है कि देवताओं ने इस सुंदर झील को अपने नाखूनों से खोद खोद बनाया था। इस बात की पुष्टि इससे होती है कि कई स्थानीय जनजातियां इस झील को पवित्र मानकर इसकी पूजा भी करती हैं। यह भारत की एकमात्र कृत्रिम झील है, जो समंदर के स्तर से बारह सौ मीटर की ऊंचाई पर मौजूद है। दो किलोमीटर की परिधि में फैली साठ से सत्तर फीट गहरी इस झील का सौंदर्य इसे इसके किनारों से निहारने में नजर आता है। सुंदर और हरी-भरी पहाड़ियों के बीच मौजूद यह झील मनोरम है। इसके चारों ओर मौजूद वॉक वे पर गाड़ियों को चलाने की अनुमति नहीं है। यहां पैदल ही घूमा जा सकता है। इस वॉक वे कई छोटे-बड़े घास के बगीचे हैं।

वॉक वे पर थोड़ी दूरी चलने पर नजर आता है विवेकानंद समाधि स्थल। वर्ष अठारह सौ इक्यानवे में जब आवागमन के बहुत साधन नहीं थे, इस संन्यासी ने न जाने कहां कहां तक की यात्रा की। न जाने किन कंधराओं में ध्यान लगाया। उस वक्त जब यहां तक आने के लिए सिर्फ बीहड़ जंगल रहे होंगे, आज से सवा सौ साल पहले नक्की झील के किनारे एक चट्टान के नीचे आज भी मौजूद एक प्राकृतिक गुफा में स्वामी विवेकानंद ने कई सप्ताह तक ध्यान किया था। यह स्थान असल में ध्यान योग्य ही है। इस स्थान की तरंगें अपने इतिहास को समेटे हुए है।

माउंट आबू पालिका को धन्यवाद देना चाहिए कि उसने इस गुफा को अभी तक पूरी तरह सुरक्षित रखा है। गुफा में एक दरवाजा लगा रखा है। जिस पर ताला है। पास में हनुमानजी का मंदिर है। गुफा के पास से पहाड़ के ऊपर तक सैकड़ों की संख्या में सीढ़ियां जाती हैं। ऊपर एक मंदिर है। इन सीढ़ियों पर बैठकर कुछ पल ध्यान का आनंद लिया जा सकता था। लेकिन हमने लिया। क्योंकि तनव और ईवा उन फिसलन भरी सीढ़ियों पर लगातार ऊपर-नीचे चढ़ने का आनंद ले रहे थे और प्रेरणा अपने मोबाइल कैमरे में अपने साथ नक्की झील को कैद कर रही थी।

विवेकानंद ध्यान गुफा

हम जब वॉक वे के आधे रास्ते तक पहुंचे तो झमाझम बारिश शुरू हो गई। इस बारिश ने वॉक का आनंद कई गुना कर दिया। इसी रास्ते पर कुछ प्राकृतिक दृश्य ऐसे हैं, जो हमेशा के लिए आपकी आंखों में कैद हो जाते हैं और उनको शब्दों में बताना बहुत मुश्किल है। उन्हें मौके पर सिर्फ महसूस किया जा सकता है। वॉक वे के आखरी सिरे पर मक्का, मूंगफली, चाय और कॉफी की कई स्टॉलें हैं। बारिश के मौसम में लोग कॉफी और चाय की चुस्कियों का आनंद लेते नजर आ जाते हैं। हमने ने भी बारिश की ठंडक को बैलेंस करने के लिए चाय की चुस्कियां लीं।

झील के चारों और पहाड़ियों पर कई राजदरबारों के अस्तित्व होटल के रूप में अभी तक मौजूद हैं। राजस्थान की तमाम रियासतों के राजे-महाराजे गर्मियों की तपिस को मिटाने इसी झील के किनारे मौजूद अपने राज दरबारों में महीनों डेरा जमाए रखते थे। सिरोही दरबार, बीकानेर दरबार, जयपुर दरबार सहित कई राजघरानों के दरबार माउंट आबू में मौजूद हैं। लेकिन फिलहाल उन सभी दरबारों को होटलों में बदल दिया गया है।

राजस्थान की गर्मी से निजात पाने के लिए अंग्रेज भागकर माउंट आबू आते थे। इसीलिए ईस्ट इंडिया कंपनी ने सिरोही दरबार से माउंट आबू को लीज पर लिया था और इसे राजपूताना रेजीडेंट के मुख्यालय के रूप में भारत की आजादी तक तक इस्तेमाल किया। अंग्रेज सेना के जवानों की सेहत को दुरस्त रखने के लिए भी माउंट आबू काम आता था। चूंकी ब्रिटिश ठंडे प्रदेश के रहने वाले थे, और राजस्थान अपेक्षाकृत गर्म स्थान है। ऐसे में अपने जवानों और अधिकारियों को सेहतमंद और दुरस्त रखने के लिए ब्रिटिश शासक माउंट आबू में डेरा जमाते थे। माउंट में ब्रिटिश कालीन भवन अभी भी मौजूद हैं और उनका इस्तेमाल इस वक्त अलग अलग सरकारी भवनों के रूप में हो रहा है।

गुरु शिखर पर गुरु दत्तात्रेय मंदिर

नक्की झील के तमाम प्राकृतिक दृश्यों को अपने मन और मस्तिष्क में भरकर हमने गुरू शिखर का रुख किया। यह अरावली की अर्बुद पहाड़ी का सरताज है। यहां तक पहुंचने के लिए नीचे से ऊपर सड़क मार्ग से पंद्रह किलोमीटर चढ़ना होगा। बीच में ही कात्यायनी शक्तिपीठ अर्बुदा देवी मंदिर है। गुरु शिखर तक सड़क मार्ग काफी चौड़ा है, लेकिन ऊपर चढ़ते चढ़ते दूधिया कुहरा इतना घना हो जाता है कि दस मीटर दूर तक

भी साफ दिखाई नहीं देता। और गाड़ी की लाइट जलानी पड़ती है। ऐसे में सबसे मुश्किल होता है गाड़ी चलाना। इस रास्ते में अनेक साफ पानी छोटी झीलें हैं। ये इतनी खूबसूरत है कि लगता है इनके किनारे बैठ घंटों कोई पहाड़ी गीत गुनागुनाया जाए। इन झीलों को हमेशा के लिए सीने में में भरने का कोई भौतिक रास्ता नहीं है। वरना सैलानी कबका इन झीलों, पहाड़ियों को आंखों में ही ओझल कर लेते। इन झीलों में दूर-दूर तक खिली हुई कुमुदनी पसरी हुई थी, जो महीने के पंद्रह दिन बढ़ते चांद के दीदार करती है और बाकि के पंद्रह दिन घटते चांद की याद में विरह में गुजारती है।

बहरहाल हमारी दिलचस्पी गुरू शिखर पर थी। हम लगातार उस और बढ़े जा रहे थे। और आखिर में अरावली पहाड़ी का सरताज हमारे सामने था। बारिश, बादल, ठंडी ठिठुरन भरी हवाओं में कंपकंपाता सा। गुरु शिखर, राजस्थान के अरबुदा पहाड़ की एक चोटी है जो अरावली पर्वतमाला का उच्चतम बिंदु है। यह पांच हजार छह सौ से ज्यादा फीट की ऊंचाई पर है। शिखर पर पहुंचते ही स्मरण हो आए गुरू दत्तात्रेय। ब्रह्मा, विष्णु और महेश का संयुक्त अवतार। इस शिखर का नाम गुरु दत्तात्रेय के नाम पर पड़ा है। उनके बारे में कहा जाता वो एक साधू के रूप में इस चोटी पर निवास करते थे। और हजारों साल उन्होंने यहां तपस्या की। इसके अलावा भी कई दुर्गम स्थलों पर गुरु दत्तात्रेय ने तपस्या की है। स्थानीय लोगों के लिये यह पहाड़ी मात्र एडवेंचर नहीं है। उनके लिए यह एक धार्मिक तीर्थ की तरह है। उस दिन भी लोग पूजा अर्चना के लिए आ रहे थे। यह स्थल पवित्र होने के साथ गहरी शांति लिए है। यहां मौजूद पवित्र आध्यात्मिक तरंगों को अगर किसी तकनीक के माध्यम से मापा जाए, तो इस बात को महसूस किया जा सकता है।

कितने आश्चर्य की बात है कि हमारे पूर्वजों ने हजारों साल पहले इन पहाड़ियों के महत्व को समझ लिया था, मगर दुर्भाग्य से हम इन पहाड़ियों को शायद उनकी अपेक्षाओं के अनुसार सुरक्षित और संरक्षित रखने में विफल रहे हैं। यही वजह है कि आज दुनियाभर में अंतरराष्ट्रीय पर्यावरण सम्मेलन कर प्रकृति के संरक्षण की चिंता की जा रही है। आंदोलन किए जा रहे हैं। लोग जंगल, पहाड़ियों, नदियों को बचाने के

लिए आंदोलन कर रहे हैं। सरकारी स्तर पर अपीलें की जा रही हैं। जब से हमने अपने सामाजिक जीवन से प्रकृति के सम्मान को कम कर दिया है, प्रकृति आपदाओं के रूप में हमें हमारी गलतियों का एहसास करवा रही है। हालांकि इस मामले में आबू प्रशासन की प्रशंसा करनी होगी। पूरे आबू क्षेत्र को पंद्रह अगस्त दो हजार उन्नीस से प्लास्टिक मुक्त घोषित कर दिया है। हमें कई स्थानों पर इसका अनुभव भी हुआ कि किसी भी दुकान पर पानी की बोतल भी मौजूद नहीं थी।

इस शिखर के ऊपर मौजूद एक चट्टानी गुफा को गुरु दत्तात्रेय के स्मरण में मंदिर के रूप में बदल दिया गया है। यहां पर एक मंदिर भी स्थित है जो दत्तात्रेय की माता अनुसूया को समर्पित है। यह जगह दत्तात्रेय और स्वामी रामनाथ चरणों का घर है। निश्चित रूप से यह मात्र पत्थर या चट्टान की चोटी नहीं है, बल्कि एक आध्यात्मिक केंद्र भी है। इसलिए यहां एक बोर्ड पर लिखा भी है- गुरु शिखर पवित्र धार्मिक स्थल है, यहां पर किसी भी प्रकार की गंदगी ना करें। गुरु शिखर के उच्चतम बिंदु पर पहुंचने से पहले नीचे बहुत सारी दुकानें मौजूद हैं। दुकानदार यात्रियों को लकड़ी के खिलौने, सर्दी के कपड़े, गिफ्ट आइटम्स खरीदने की मनुहार करते नजर आते हैं। बारिश से बचने के लिए बीस रुपए किराए पर छाते भी यहां उपलब्ध है। यहां से उच्चतम बिंदु तक पहुंचने के लिए लगभग दो सौ सीढ़ियां ट्रेकिंग का सारा आनंद किरकिरा कर देती हैं। पहाड़ों को मोहब्बत करने वालों को ये सीढ़ियां जरूर खटकती होंगी। हमें भी खटकी। मगर कोई और रास्ता नहीं था। ऊपर पहुंचने में ज्यादा वक्त नहीं लगा। मुश्किल से बीस मिनट में हम अरबुदा पहाड़ियों के शीर्ष गुरू शिखर पर थे। तनव ने इस रास्ते का भरपूर आनंद लिया। वह पहाड़ (अरुणाचल प्रदेश) में पैदा हुआ था, पहाड़ उसके डीएनए में है।

गुरु शिखर पर

शीर्ष पर एक चट्टानी गुफा में दत्तात्रेय की चरण पादुका मौजूद थी। पूरी चट्टान बाहर और भीतर से सिंदूरी रंग से रंगी हुई थी। बगल में एक बड़ी पीतल की घंटी लगी है, जिसे बजाने पर उसकी तरंगें पूरी घाटी को तरंगित कर देती हैं। ऊपर पहुंचने पर अगर मौसम साफ नहीं हो और कुहरा जमा हो तो ऊपर तक जाने का आनंद खत्म हो जाता है। दरअसल ऊंचाई एक सापेक्षिक तत्व है। जब तक आपको गहराई नजर नहीं आएगी। ऊंचाई का अनुभव नीचे देखने पर ही होता है। इसलिए गुरु शिखर से जब तक नीचे कुछ नजर नहीं आए, कैसे पता चलेगा आप कितना ऊपर पहुंच गए। जिस वक्त हम गुरु शिखर पर थे, पूरी पहाड़ी कोहरे की महीन चादर को ओढ़े हुई थी। लेकिन जैसे ही हवाओं ने रुख बदला, हमने उन खूबसूरत पहाड़ियों के खूबसूरत हुस्न का दीदार किया। कोहरा कहीं गुम हो गया था और मौसम शीशे की तरह एकदम साफ हो गया था। मगर दीदार के ये लम्हे महज कुछ मिनट के थे। इस दौरान गहराई में मौजूद नीचे की तलहटी बिलकुल साफ साफ दिखने लगी। वहां मौजूद बहुत सारे यात्रियों ने अपने कैमरे, मोबाइल कैमरे निकाले और उस दृश्य को कैद करने लगे। नीचे की घाटियां, रास्ते, घर और आते-जाते

लोगों का आवागमन अद्भुत नजारा बनाता है। हवा बहुत तेजी से बह रही थी। नजारा फिर बदला और पूरी घाटी ने दूधिया कोहरे का आंचल ओढ़ लिया। लेकिन इन पांच से सात मिनट के अद्भुत नजारे इस पूरी यात्रा का बड़ा आकर्षण बन गये जो हमेशा हमेशा के लिए यादों के झरोखों में कैद हो गए।

10

दीवः समंदर का दीदार

दीव किला

समंदर से भेंट करने की इच्छा ने हमें भेंट द्वारिका तक पहुंचा दिया था। साल दो हजार सोलह का सितंबर महीने का पहला सप्ताह। कुछ सरकारी छुट्टियां और कुछ निजी छुट्टियां मिलाकर हम निकल पड़े थे जयपुर से सुदूर दक्षिण पश्चिम की ओर से गुजरात के अहमदाबाद से होते हुए केंद्र शासित सुंदर और शांत प्रदेश दमन दीव की ओर। वैसे

गुजरात की जमीन की नाल से जुड़ा है यह दीव। लेकिन जैसे ही गुजरात की जमीन को छोड़कर एक पुल के माध्मय से दीव प्रदेश में प्रवेश करते हैं यह अनुभव हो जाता है कि इच्छाओं का समंदर करीब आ गया है।

दीव जैसा सोचा था, बिलकुल वैसा ही सुंदर था। अहमदाबाद से श्री प्रणेश गुप्ता के परिवार के साथ दिनभर की यात्रा करते हुए हम देर शाम दीव पहुंचे। साफ-सुथरी चौड़ी सड़क के किनारे समंदर हमारी ओर झांकता हुआ उमड़ रहा था। रेत के आदमी को समंदर इसी तरह प्यार करता है। दीव अरब सागर के समंदर के खारे पानी से तीनों ओर से घिरा हुआ है और इसका जुड़वा हिस्सा दमन यहां से कई मीलों दूर कोंकण तट पर मौजूद है। वहां जाने के लिए अलग से योजना बनानी होगी। अहमदाबाद से लगभग चार सौ किलोमीटर से ज्यादा का सफर तय कर हम दीव में अपने जालंधर बीच पर पहले बुक करवाए राजकीय अतिथि गृह में पहुंच गए। अहमदाबाद से यहां तक बिना सुस्ताए आठ घंटे में पहुंच सकते हैं। सड़कें बेहतरीन हैं गुजरात में। कुछ अंदरूनी मौसमी सड़कों को छोड़ दें तो।

दीव फोर्ट से समंदर

बात जालंधर बीच की। किस्मत से बीच के पास ही हमारा राजकीय अतिथि गृह था। अगर बीच के पास रात बिताने का अवसर मिले तो कभी नहीं चूकना चाहिए। खासकर बच्चे साथ हों तो उनके लिए यह अद्भुत अनुभव होता है। चार जोड़ी हम लोग और ढाई जोड़ी हमारे बच्चे। अतिथि गृहों में अपना सामान ठिकाने लगाकर समंदर देवता से भेंट करने हम सब उसके भीतर घुस गए। गरजता, चिंघाड़ता और उठा-पठक करता

हुआ मानों वह बरसों से हमारी राह देख रहा था। या हम उसकी। कौन निर्णय करे? वह हमें घुटनों तक छूने की कोशिश करता हुआ वापस पीछे हट रहा था। फिर तेजी से लहरों पर दौड़ता हुआ हमें अपनी आगोश में लेने को तत्पर था। हमें भ्रम था यह हमसे हम बदन होने को लालायित है। मगर ऊपर शुक्ल पक्ष का चंद्रमा न मालूम उसे क्या इशारा कर रहा था। लेकिन, हम अपने भ्रम में ही उस रात भरपूर उसका दीदार करते रहे। जालंधर बीच की पक्की दीवारों पर बैठकर हमने कई घंटे समंदर की लहरों की आवाज में उसे समझने की कोशिश की। यात्रा की थकान ने हमें बिस्तरों की ओर जाने को मजबूर कर दिया। लेकिन उस रात न जाने समंदर क्या बातें करता रहा चांद से। उसकी पीठ पर टिके व्यापारिक जहाज और नावें अपनी टिमटिमाती बत्तियों के साथ झिलमिलाते रहे।

इन समंदरों से रूबरू होना है तो बेयात्री मौसम यानी ऑफ सीजन में इनसे मिलिए। आप आराम से इन्हें गुनगुनाते देख सकते हैं। इसलिए हमने भी सितंबर के शुरुआती सप्ताह को ही चुना। पूरा गुजरात इन दिनों आने वाले दुर्गा पूजा के लिए गरबा की तैयारियों में लगा था। दीव भी इससे अछूता नहीं था। जगह जगह गरबा की तैयारियां यहां भी हो रही थी। और गणेश विसर्जन में लोग जुटे हुए थे। गणेश चतुर्थी की सवारी में लोग बॉलीवुड के गानों पर थिरक रहे थे। रास्ते साफ सुथरे, व्यवस्थित यातायात व्यवस्था और करीने से सजी धजी दुकानें देखकर किसी हडप्पाकालीन सभ्यता के नगर की बातें ताजा हो गईं। गुजरात की तरह यहां शराब बंदी नहीं है। लिहाजा मदिरालय के शौकीन गुजरात के लोग अपनी शामें अक्सर यहां गुजारते नजर आ जाते हैं।

यात्रा के दूसरे दिन की शुरुआत दीव के दूसरे बीच नागोवा के समंदर तट से हुई। रेतीला समंदर तट। सामने खजूर के लंबे पेड़। नारियल पानी के दर्जनों ठेले। तीखी धूप। जलीय खेलों से भरपूर सामग्री। लेकिन सैलानी अपने ही खेल में व्यस्त थे। कई युवा प्रेमी जोड़े समंदर को साक्षी मानकर अपने प्यार का अफसाना गाते नजर आ रहे थे। बाहों में बाहें डाले समंदर की सैर कर रहे थे। समंदर अपनी उफनती लहरों से सैलानियों को अपने किनारे पर पटक पर उन्हें उनकी औकात को नापने का इशारा करता था। लेकिन सैलानी भी कहां ये सब मानने को तैयार

होते हैं। और हम भी नहीं थे। अपनी औकात से ज्यादा उसे मथते हुए उसमें उतरते जाते। नमकीला पानी जब नथुनों से होकर गले में उतर जाता है तो समंदर के खारे होने का एहसास जीभ पर आ जाता था। जमकर तस्वीरें, सेल्फियां और ग्रुप फोटो उतारकर यहां से इस छोटे से शहर के बाकी हिस्सों से मुलाकात करने के लिए निकल पड़े।

दीव किले पर

कई सदियां यहां पुर्तगाली शासकों के पदचापों में गुजरी हैं। ऐसे में पुर्तगाली सभ्यता के अंश इस शहर में जगह जगब बिखरे पड़े हैं। खासकर दीव का किला और उसकी बनावट। इस किले की बनावट को देखकर लगता था कि पुर्तगालियों ने अपनी भरपूर ऊर्जा और दिमाग इस किले की सुरक्षा में लगाया होगा। किले के अभेद्य बनाने के लिए यह समंदर के किनारे बनाया गया है जिसकी अस्सी फीसदी चार दीवारी को एक गहरी खाई के माध्यम से सुरक्षित किया गया है। किले की दीवारों पर अभी भी उस वक्त के लिखे शिला लेख हैं। सामने एक बड़ा सा क्रॉस, ईसाई धर्म का प्रतीक किले के ऊपर दिख जाता है। खंडहर हो रहा यह किला सैलानियों को सुकून देता है। दरअसल यहां से समंदर को उसके

पूरे यौवन रूप में देखा जा सकता है। भरा-पूरा। उफनता हुआ। साफ-नीला। चट्टानों से मुठभेड़ करता हुआ। किले की दीवारों पर चिंघाड़ता हुआ। जैसे इस किले से उसका कोई पुराना याराना हो। इस छोटे से दरियाई शहर की परिक्रमा कर हम अपनी नई मंजिल की ओर बढ़ गए।

11

सोमनाथ और द्वारिका: जीवंत भारत

सोमनाथ मंदिर

ऐतिहासिक सोमनाथ। आस्था का सोमनाथ। समर्पण का सोमनाथ। पुरुषार्थ का सोमनाथ। सरदार पटेल और मुंशीजी का सोमनाथ। ध्वस्त होने के बाद फिर से बनता सोमनाथ। देश की आन बान शान का प्रतीक सोमनाथ। यहां समंदर जैसे अंजुली भर भर शिवलिंग पर जल चढ़ाकर पुष्पांजलि करता है। समंदर के किनार भव्य रूप में खड़ा महादेव का मंदिर भारत की हजारों साल पुरानी परंपरा और आस्था का संगम है। यह मंदिर हम भारतीयों के पुरुषार्थ और कभी हार नहीं मानने वाले समाज का भव्य प्रतीक है। यह केवल दर्शन के लिए नहीं है, अपितु हम भारतीयों को यह स्मरण कराने के लिए है कि हर कठिन परिस्थितियों में भी यदि अपने पुरुषार्थ और महादेव पर भरोसा हो तो दुर्भाग्य को सौभाग्य में बदला जा सकता है। महादेव के आशीर्वाद के लिए हम भी वर्ष दो हजार सोलह के सितंबर महीने के पहले सप्ताह में दीव के बाद सोमनाथ और द्वारिका के दिव्य दर्शन के लिए पहुंच गए थे।

सोमनाथ के मुख्य मंदिर को लौहपुरुष सरदार पटेल के अथक प्रयासों से खड़ा किया गया। मंदिर के ठीक दायी ओर ध्वंस अवस्था में अभी भी मौजूद है मां पार्वती का मंदिर। यह बर्बर और आक्रमणकारी गजनवी और औरंगजेब की कुत्सित चेष्टाओं का प्रतीक है। लेकिन भारतीय संस्कृति के मूल तत्व तक वे कभी नहीं पहुंच पाए। काश पहुंच जाते तो उन्हें इतिहास भारतीय संस्कृति के खलनायक के रूप में याद नहीं रखता।

हमारे लिए सौभाग्य की बात थी यहां हमारी यात्रा का आरंभ सोमवार के दिन से शुरू हुआ था। महादेव के अद्भुत रूप के दर्शन का हम सभी को सौभाग्य प्राप्त हुआ। श्रद्धालु माथे पर त्रिपुंड तिलक लगाए शिवलिंग पर अपनी आस्था समर्पित करने के लिए कतारों में थे। मंदिर के गर्भगृह में पुजारी महादेव की आराधना में वेद मंत्रोच्चारण से पूरे मंदिर परिसर को गूंजा रहे थे। मंदिर के अहाते में महादेव के भक्त अपने देव के ध्यान में खोये हुए थे। हमने भी अपनी आस्था के पुष्प महादेव के चरणों में समर्पित किए। मंदिर परिसर में दर्शन की ट्रस्ट की ओर बहुत अच्छी व्यवस्था है। समंदर के किनारों वाली धूप असहनीय होती है। कई बार डिहाइड्रेशन जैसी हालात हो जाती है, इसलिए बार-बार पानी पीने की

आवश्यकता होती है। मंदिर के बाहर परिसर में परिवार के साथ बैठकर भोजन करने की व्यवस्था है। यदि यहां भोजन करने का मन नहीं हो तो मंदिर से एक दो किलोमीटर की रेंज में कई अच्छे रेस्तरां हैं। यहां तरह का शाकाहारी भोजन उपलब्ध है।

महादेव से विदा लेकर हम युगांधर कृष्ण के मोह में खिंचते द्वारिका की ओर बढ़ चले थे। असल में द्वारिका जाने और न जाने को लेकर हमारे बीच मत विभाजन हो गया था। लेकिन जब द्वारिकाधीश का आदेश निकल चुका हो तो उसे कौन रोक सकता था। हम सब तो उनके आदेश के अधीन थे। सोमनाथ से द्वारिका के बीच, सोमनाथ से लगभग पचहत्तर किलोमीटर दूर और पोरबंदर से पहले आता है माधवपुर का समंदर किनारा। जैसा नाम से मालूम हो जाता है। माधवपुर अर्थात केशव का स्थान। यहां भगवान कृष्ण और रुक्मणी का विवाह संपन्न हुआ था। माधवपुर का बीच एकदम साफ-सुथरा है। जैसे ही घनी आबादी के कस्बों को छोड़कर सड़क पर आगे बढ़ते जाते हैं अचानक से माधवपुर का समंदर एक बार हमसे टकरा जाता है। इस बार बीच बिलकुल निर्जन है लेकिन समंदरी लहरें चिंघाड़ रही हैं। इस बीच पर किसी भी सैलानी की न चाहने पर कुछ पल गुजारने की इच्छा तीव्र हो जाती है। शायद कोई पौराणिक आशीर्वाद का प्रतिफल है। सड़क के किनारे रेतीले हिस्से को पार कर जैसे ही नीचे उतरते हैं विशाल, अथाह जलराशि आंखों में भर जाती है। लहरे जैसे इस समंदर पर किसी धावक की तरह हमारी और दौड़ती आ रही थी। लंबी लंबी फर्लांग भरते हुए। और सड़क किनारे की रेत में आकर जैसे पस्त हो जाती थी।

यह समंदर तट भगवान कृष्ण से जुड़ा हुआ है। मन और मस्तिष्क में थोड़ा सा आनंद और रोमांच पैदा करना है तो पांच हजार साल पीछे लौटिए। विदर्भ की राजधानी कुंडिनपुर में शिशुपाल से विवाह को इनकार कर चुकी भीष्मक की पुत्री रुक्मणी को लेकर कृष्ण चार सौ कोस की रथ यात्रा कर यही इसी निर्जन स्थान पर रुक्मणी से विवाह कर उन्हें अभयदान देते हैं। विवाह संपन्न कर यहां से बलराम और यादव सेना के साथ पचास कोस दूर द्वारिका अपनी राजधानी पहुंचते हैं। यदि आपका मन कृष्णमय हो तो कृष्ण-रुक्मणी के विवाह के वेद मंत्रोच्चारण की

गूंज यहां समंदर की लहरों में सुनी जा सकती है। हम भी उस स्थान पर समंदर की रेत में अपने पैरों के निशान छोड़कर और यहां की स्मृतियों को कैमरों में एकत्र कर द्वारिकाधीश की राजधानी की ओर बढ़ चले।

फेरी से बेट द्वारिका जाते यात्री

फिर से उस इतिहास की ओर चलते हैं, जिस पर अभी भी शोध किया जा रहा है और किया जाना शेष है। पांच हजार वर्ष पूर्व समाज में शांति, नागरिकों को आतंक से बचाने और राष्ट्र की पश्चिमी सीमा को मजबूत करने के राष्ट्रीय उद्देश्य से दूरदृष्टा युगांधर श्री कृष्ण ने मथुरा से 655 मील अर्थात तेरह सौ किलोमीटर दूर अनजानी जगह पर समंदर के तट पर द्वारिका में अपनी राजधानी की स्थापना की थी। राष्ट्र को सुरक्षा देने के लिए एक सुरक्षा प्रहरी के रूप में। क्योंकि उस वक्त भी अरब सागर के उस पार से आज की तरह ही दस्युओं से भरी नावें आने का खतरा मंडराता रहता था। इसके लिए द्वारिका में समंदर के बीच नाविक तैनात रहते थे। कथित बुद्धिजीवियों ने जिसे महज कल्पना और पौराणिक घटनाक्रम ठहराकर नकारने की कोशिश की थी पुरातत्व विशेषज्ञों ने समंदर के भीतर डूबी द्वारिका को खोजकर उसे समय के सापेक्ष ऐतिहासिक तथ्य में बदल दिया है।

बेट द्वारिका मंदिर द्वार

शाम को द्वारिका पहुंचने पर हम सबसे पहले द्वारिका के सनसैट प्वाइंट पहुंचे। लोग वैसे से उगते हुए सूर्य को नमन करते हैं, लेकिन यहां शाम के समय समंदर में डूबते सूर्य को देखना आंखों को आनंद देता है। मंदिर परिसर से पहले ही समंदर के किनारे यहां एक सनसैट प्वाइंट बना है, जहां सैलानी डूबते सूर्य को अपनी आंखों में भरते हैं और उसकी स्मृतियों को सहेजने के लिए कैमरों और मोबाइल कैमरों को फ्लैश करते हैं। डूबते सूर्य का मनोरम दृश्य अद्भुत था। सूर्य की नारंगी किरणों ने समंदर को पूरी तरह नारंगी रंग में भिगो दिया था। नारंगी रंग में भीगा समंदर और भी खूबसूरत दिखने लगा था।

द्वारिका के स्थानीय नागरिक द्वारिकाधीश को ही अपना राजा मानते हैं। द्वारिका के बाजार की गलियां थोड़ी तंग जरूर हैं, लेकिन वे किसी प्राचीन नगर जैसी शोभा देती हैं। यहां स्थानीय नागरिकों की बोली में एक सौम्यता है। राधे-राधे और जय श्री कृष्णा यहां नागरिकों के सामान्य संबोधन में पाया जाता है। रात में द्वारिका के स्थानीय बाजार में चहल-कदमी कर स्थानीय शहर के आचार-व्यवहार को जाना और

समझा। अगले दिन सुबह द्वारिका के मुख्य मंदिर में ऐतिहासिक कृष्ण मंदिर में दर्शन किए और स्थानीय व्यंजनों का लुत्फ उठाया।

कृष्ण- सुदामा की भेंट- चित्रः हीरालाल

अब बारी थी भेंट द्वारिका की। द्वारिका स्थित मुख्य मंदिर से महज डेढ़ मील की दूरी पर समंदर के भीतर एक टापू पर मौजूद है भेंट द्वारिका। कहते हैं कि यहीं कृष्ण के बालसखा सुदामा ने कृष्ण से भेंट की थी। इसीलिए इस स्थान को भेंट या बेट द्वारिका कहा जाता है। यात्रियों को द्वारिका से समंदर के भीतर भेंट द्वारिका तक ले जाने के लिए यहां सैकड़ों नावें हैं जो हर आधे घंटे में रवाना होती हैं। ज्यादातर नावों के मालिक मुस्लिम है। भेंट द्वारिका में भी मुस्लिम बहुसंख्या में है। भेंट द्वारिका पर नाव से उतरकर मंदिर परिसर तक का रास्ता काफी चौड़ा है। दोनों ओर सैकड़ों की संख्या में छोटी-बड़ी दुकानें हैं। इन दुकानों में शंख से बनी वस्तुएं आकर्षण का केंद्र हैं। मंदिर परिसर में सुरक्षा की व्यवस्था है। मुख्य मंदिर में भगवान कृष्ण अपने भव्य स्वरूप में उपस्थित हैं। यह स्थान ऐतिहासिक आध्यात्मिक तरंगों से ऊर्जावान है।

निवेदन

आशा है आपको इन यात्राओं का आनंद आया होगा। आपको ये यात्रा कथाएं कैसी लगी? अवश्य बताइएगा। नई यात्राओं के लिए उत्साह मिलेगा।

आप अपनी बात इस ईमेल पर मेल करके बताइएगा। मुझे आपकी प्रतिक्रियाओं की प्रतीक्षा रहेगी।

यात्रा कथा के नए संस्करण में फिर से भेंट होगी।

तब तक के लिए

जय जय।

ईमेल- murli4you@gmail.com

दूरभाष: 94140 61219

www.ingramcontent.com/pod-product-compliance
Lightning Source LLC
Chambersburg PA
CBHW031344160726
47993CB00002B/829